As Lágrimas de Deus

BENEDICT J. GROESCHEL, C.F.R.

As Lágrimas de Deus

COMO SUPERAR UM GRANDE SOFRIMENTO

EDITORA
SANTUÁRIO

DIRETOR EDITORIAL:
Pe. Marcelo C. Araújo, C.Ss.R.

COPIDESQUE:
Luana Galvão

COORDENAÇÃO EDITORIAL:
Ana Lúcia de Castro Leite

REVISÃO:
Leila Cristina Dinis Fernandes

TRADUÇÃO:
Pe. José Raimundo Vidigal, C.Ss.R.

CAPA E DIAGRAMAÇÃO:
Mauricio Pereira

Título original: *The Tears of God. Persevering in the Face of Great Sorrow or Catastrophe.*

ISBN 978-1-58617-289-3

As citações bíblicas são da ***Bíblia de Aparecida***, da Editora Santuário, 9ª edição, 2011, se não for indicada outra fonte.

Dados Internacionais de Catalogação na Publicação (CIP)
(Câmara Brasileira do Livro, SP, Brasil)

Groeschel, Benedict J.

As lágrimas de Deus: como superar um grande sofrimento / Benedict J. Groeschel; [tradução José Raimundo Vidigal]. - Aparecida, SP: Editora Santuário, 2014.

Título original: The tears of God.

ISBN 978-85-369-0329-3

1. Igreja Católica - Orações e devoções 2. Sofrimento - Aspectos religiosos – Igreja Católica 3. Sofrimento - Orações e devoções I. Título.

13-12151 CDD-248.2

Índices para catálogo sistemático:
1. Sofrimento: Aspectos religiosos: Cristianismo 248.2

Composição, CTcP, impressão e acabamento:
Editora Santuário - Rua Pe. Claro Monteiro, 342
12570-000 – Aparecida-SP – Tel. (12) 3104-2000

Agradecido, dedico este livro a todos que me ajudaram a sobreviver a uma catástrofe – fui atropelado por um carro em 11 de janeiro de 2004.

Agradeço a Deus que me tornou possível pensar, trabalhar e até viajar.

Este livro é um ato de agradecimento a Deus e uma tentativa de ajudar outros a enfrentar uma catástrofe.

Quero agradecer ao padre John Lynch e a David Burns que estavam comigo e ficaram a meu lado na época do acidente. A presença deles, sem dúvida, salvou minha vida, porque os médicos que me tratavam haviam desistido ao verem que fiquei quinze minutos sem dar nenhum sinal de vida. Em resposta a um apelo do padre Lynch, eles insistiram e, depois de mais trinta minutos, meu coração começou a bater de novo.

Para sempre serei grato aos médicos, enfermeiros e a todo o pessoal do Centro Médico Regional de Orlando, e especialmente à equipe de traumatologia. Também agradeço muito o apoio que recebi de minha irmã Marjule, que permaneceu a meu lado, e a todos os Frades que vieram ficar com ela, apoiando-a durante aquelas semanas difíceis. Minha gratidão se estende também a milhares de pessoas que rezaram por mim, especialmente através da Rede Católica EWTN, e às cinquenta mil pessoas de muitas denominações e credos que me enviaram e-mails, cartas e postais, falando-me sobre suas orações.

Seja qual for nossa conclusão, a oração é um meio muito eficaz de responder a uma catástrofe.

Quero agradecer a um anônimo sacerdote eremita, que preparou este manuscrito, e a Kathie McCusker, que cuidadosamente conferiu o texto.

Pe. Benedict J. Groeschel, C.F.R.
Trinity Retreat, Larchmont, N.Y.

Sumário

Prefácio: Fé e Catástrofe ... 9

1. Tragédias e catástrofes acontecem toda hora ... 15
2. As catástrofes que acontecem ... 19
3. O mal que não se torna o pior ... 29
4. Quando passa a tempestade ... 35
5. Passos de dor e sofrimento ... 45
6. A meditação da cruz de Cristo ... 51
7. Passado o horror ... 59

Orações e Meditações ... 65

Orações em tempos de dor e sofrimento ... 67
Oração em tempo de necessidade extrema ... 68
Oração a Deus Pai em tempo de catástrofe ... 69
Oração a Jesus em tempo de catástrofe ... 70
Oração de um doente em estado grave ... 71
Oração a Jesus em uma doença grave ... 72
Oração a Nossa Senhora em uma doença grave ... 73
Oração a São José pelos gravemente doentes ... 74
Oração em tempo de desastre natural ... 75

Oração na morte de um ente querido 76
Oração em tempo de suicídio 77
Oração em tempo de assassínio 78
Oração em tempo de traição 79
Oração para quem caiu em pecado 80
Stabat Mater 81
Hino ao Espírito Santo (*Veni Sancte Spiritus*) 84
Oração de reparação pelos que causaram uma catástrofe 86
Oração da serenidade 87
Aprender com Cristo 88
Oração de uma alma confiante 89
Citações da Bíblia para sua meditação 90
Salmo 51 (*Miserere*) 94
Leituras suplementares 97

Prefácio
Fé e Catástrofe

Algum tempo atrás, escrevi o mais popular de todos os meus livros, *Arise from Darkness* (Levanta-te das Trevas). É um livro sobre o que fazer quando a vida não tem mais sentido. Muitas pessoas me disseram que ele lhes foi útil quando viveram tempos difíceis com problemas na família, problemas com a Igreja, com as finanças, consigo mesmas. Eu me dei conta, porém, de que havia um outro grupo de pessoas que leram o livro, mas que eu não atingi: os que tinham sofrido catástrofes ou horrores. Todos nós temos sofrimento, mas nem todos temos o horrível em nossas vidas. Mas ele acontece. Ele acomete pessoas que conhecemos, e pode ser que um dia chegue a nossa vez, e temos de estar preparados.

Pensei em esperar para escrever um livro assim até que eu estivesse morrendo de uma doença terminal, porque então eu teria uma experiência pessoal de uma catástrofe. Em minha vida passada aconteceram fatos devastadores, mas nada que eu pudesse chamar de verdadeira catástrofe. Então, fui atropelado por um carro e passei por uma catástrofe real. Aconteceu que não foi tão terrível como parecia a princípio, e foi-me possível, com certas limitações, voltar a meu trabalho pastoral. Mas ainda existe vida. Quando voltei a mim no hospital após três semanas de inconsciência e percebi que mal podia me mover, pensei: “Pois bem, Benedito, você teve sua catástrofe. Agora escreve”.

Muitos anos atrás, li um livro que me impressionou muito: *Hour of Gold, Hour of Lead* (“Hora de Ouro, Hora de Chumbo”), de Anne Morrow Lindbergh.

Ela mostra que na vida de todo mundo acontece o sofrimento, mas só na de alguns é que acontece o horror. Aconteceu com ela e seu marido, Charles, na forma de sequestro e assassinato de seu filho pequeno. Ela nos diz em seu livro que, ao tentar narrar seu horror, sua longa estrada de volta aonde a tragédia "está sepultada, está recoberta com nova vida", e que, sem dúvida, "a longa estrada de percepção, sofrimento, cura e renascimento é ilustrada melhor na religião cristã pelo sofrimento, morte e ressurreição de Cristo".[1]

Estou escrevendo este livro agora, antes de tudo, para os que provaram o horror ou a catástrofe em suas vidas. Entre esses, está uma série de sofredores sobre os quais você lê nos jornais de qualquer cidade a cada mês. Não há apenas assassinatos e acidentes, e bombeiros, e policiais que morrem no cumprimento do dever; há muitas vezes as notícias terríveis de rapazes e moças que tombaram no campo de batalha. Enquanto escrevo, estamos envolvidos na guerra do Iraque, que frequentemente manda notícias de mortes de muitos inocentes de todos os lados. Não só isso, mas ouvimos falar de desastres naturais, que vão desde tornados até a queda de pontes. Lemos a respeito de indizíveis tragédias familiares, nas quais, às vezes, um membro da família, inesperadamente ao que parece, mata outros membros da família ou crianças inocentes, ou um vizinho perde a cabeça e pratica violências, como aconteceu no caso das meninas da Escola Amish em 2006.[2]

Tudo isso é horror e catástrofe. Junte-se a isso a morte de crianças pequenas, cujas doenças terminais são catastróficas. A morte de um idoso, embora possa entristecer profundamente muitas pessoas, geralmente não é considerada uma catástrofe; mas quando se trata de uma mãe ou um pai de filhos peque-

---

[1] Anne Morrow Lindbergh, *Hour of Gold, Hour of Lead* (New York: Harcourt Brace Jovanovich, 1973), p. 213-214.

[2] O autor se refere ao massacre de cinco meninas em uma escola da Pensilvânia, EUA (Nota do Tradutor).

nos, merece tal designação. Faltas morais pessoais ou falsas acusações, muitas vezes, acarretam consequências catastróficas, que geralmente não são descritas como horrores.

Este livro se destina especialmente para aqueles que estão nessa categoria, que estão experimentando ou recentemente experimentaram horror ou catástrofe.

É escrito também para aqueles que estão intimamente relacionados com os que sofreram catástrofe – família e amigos próximos. São pessoas profundamente afetadas, mas não diretamente atingidas pela catástrofe. Estão lá para ajudar. Participam por simpatia ou empatia em cada fase do problema, e suas próprias vidas são muitas vezes modificadas quase tanto quanto a vida daqueles que foram as vítimas.

Em terceiro lugar, este livro é para aqueles que ficam sabendo de catástrofes a seu redor, que leram sobre elas nos jornais e param fazendo uma oração, que pensam naqueles que foram duramente atingidos e imaginam que tais coisas poderiam ter sucedido com eles. Não muito antes de eu escrever este livro, uma bela família foi trucidada por criminosos que invadiram sua casa e deixaram apenas um parente vivo. Cada dia me lembro dessa família em minhas orações, e embora nunca os tenha encontrado, sofri com eles. Não pensamos muitas vezes em tais coisas enquanto os anos vão passando? E cada um de nós que sabe pensar e refletir entende que uma coisa dessas poderia nos acontecer.

Pedimos a Deus que tal não nos suceda, mas é sabedoria meditar na possibilidade e pensar o que você faria e para onde se voltaria. Este livro é escrito também para esse grupo de pessoas.

Um Livro sobre a Fé

É bastante óbvio, considerando a autoria deste livro, que ele trata da fé, fé em Deus, mais ainda, fé em um Deus que cuida de nós quando estamos em necessidade.

Mas, em uma catástrofe, a fé pode ser severamente provada e pode até levar ao questionamento.

Muitas vezes, particularmente na Bíblia, a fé em Deus passou por grandes provações. Cada vez de novo o Salmista pergunta nas Sagradas Escrituras: “Onde estás? Por que deixaste acontecer isto? Até quando deixarás que isto ocorra?”

Salmo 88

A vós clamo, Senhor, sem cessar, todo o dia,
e de noite se eleva até vós meu gemido.
Chegue a minha oração até a vossa presença,
inclinai vosso ouvido a meu triste clamor!

Saturada de males se encontra a minh’alma,
minha vida chegou junto às portas da morte.
Sou contado entre aqueles que descem à cova,
toda gente me vê como um caso perdido.

O meu leito já tenho no reino dos mortos,
como um homem caído que jaz no sepulcro,
de quem mesmo o Senhor se esqueceu para sempre
e excluiu por completo da sua atenção.

Ó Senhor, me pusestes na cova mais funda,
nos locais tenebrosos da sombra da morte.
Sobre mim cai o peso do vosso furor,
vossas ondas enormes me cobrem me afogam. (...)

Quanto a mim, ó Senhor, clamo a vós na aflição,
minha prece se eleva até vós desde a aurora.
Por que vós, ó Senhor, rejeitais a minh’alma?
E por que escondeis vossa face de mim?

Moribundo e infeliz desde o tempo da infância,
esgotei-me ao sofrer sob o vosso terror.[3]

Nos Evangelhos, temos o exemplo do próprio Filho de Deus chorando a morte de seu amigo Lázaro e sobretudo perguntando a seu Pai na Cruz: "Por que me abandonaste?"

Esses dois fatos deram origem ao título deste livro: "As Lágrimas de Deus". Para os cristãos, as lágrimas de Jesus de Nazaré são as lágrimas de Deus. A única maneira de o Ser Divino poder entrar nos sofrimentos da humanidade era assumir um corpo e alma realmente humanos. Este é o mistério do Verbo feito carne.

Se você está lendo este livro em um tempo de tragédia pessoal, pode ser que esteja inclinado a ser cínico ou irritado com Deus. Posso pedir-lhe que continue lendo? Essa reação, embora não seja a melhor, é totalmente compreensível e uma que, aparentemente, o próprio Cristo de certo modo enfrentou na vida. O grito da cruz "Por que me abandonaste?" exprime um sentimento que, como um calafrio, pode sobrevir a um cristão fervoroso.

Mas devemos prosseguir. Uma parte da resposta para nós é olhar mais profundamente o que Cristo e seus seguidores sofreram durante suas vidas e chegar a alguma compreensão de que Deus usa a catástrofe em última análise como parte da grande obra de salvação para a raça humana e para o indivíduo.

Recentemente, um grupo de escritores ateus, mordazes em sua hostilidade à religião, usou a tragédia ou o problema do mal para atacar a ideia da providência de Deus. Neste livro, não vamos tentar responder-lhe, porque sua abordagem geral tem sido tão hostil e sem objetividade que seria inútil retrucar. Mas para responder à pergunta: "Por quê?", que ecoa em tantos cora-

[3] Tradução da Liturgia das Horas.

ções humanos, tentaremos dar algumas respostas razoáveis, que podem não ser totalmente satisfatórias, mas que podem ajudar em um tempo de tragédia e catástrofe.

1

Tragédias e Catástrofes Acontecem a Toda Hora

Toda pessoa que mora em uma grande área metropolitana sabe que os jornais, pelo menos de dois em dois dias, trazem a descrição de alguma tragédia pessoal ou mesmo de uma catástrofe de grandes proporções. A coisa estranha é que podemos ler a narrativa desses fatos e permanecer quase totalmente apáticos, ou talvez sentir apenas um pouco de compaixão. A manchete diz: "Bombeiro morre na queda de um edifício". Se você é devoto, pode ser que pare um instante para rezar pelo bombeiro e sua família e olhe com pena a fotografia de sua esposa e dos filhos no sepultamento. Mais que isso você não pode fazer numa grande cidade, pois ficaria preocupado o tempo todo com tragédias. Os que moram em áreas menos congestionadas talvez ouçam falar de um desastre a cada semana ou até menos frequentemente. Mas as tragédias estão todas a nosso redor e é importante nos convencermos de que essa séria ameaça ronda a trama de toda vida humana.

Chegamos a aceitar catástrofes maiores da raça humana como fatos da crônica, a não ser que aconteçam conosco ou perto de nós. Lembro-me de que estava em Assis, em uma romaria, quando um idoso frade italiano me disse que tinha acontecido uma catástrofe em Nova York. Corri para a casa de retiros das Irmãs de Graymoor e fui ver a televisão, diante da qual as Irmãs estavam reunidas chorando. Pude assistir às indescritíveis cenas das Torres Gêmeas do *World Trade Center* desmoronando. Era tão surreal que naquele momento nem me perguntei quantas pessoas haveria lá dentro. Em poucos minutos, comecei a imaginar que haveria muitas vítimas. Quando voltei para casa o mais rápido possível, fiquei sabendo que mais de três mil pessoas haviam morrido. Entre os mortos havia amigos meus ou membros das famílias deles. Um sacerdote amigo meu celebrou em sua paróquia trinta e duas exéquias por pessoas mortas na tragédia. Esse estranho ataque foi uma catástrofe quase incompreensível. A Arquidiocese de Nova York destacou dois sacerdotes para ficarem no necrotério no meio das ruínas durante várias semanas. Nós todos nos dispusemos a ficar lá oito horas em oração, enquanto as equipes de socorro transportavam os restos mortais que encontravam. Muitas vezes se tratava apenas de um pequeno saco plástico. Todos rezávamos juntos, e uma senhora, profissional competente em medicina legal, identificava o tipo de pessoa à qual aqueles restos pertenciam – uma mulher de meia-idade, um homem idoso... Aprendemos a conviver com o horror, mas cada vez que isto acontecia, minha mente se voltava para as famílias, algumas das quais eu conhecia, que tinham de enfrentar esse horror medonho. Por que não aconteceu comigo?

Ademais, muitos de meus leitores viveram boa parte do século XX, um século de guerras e holocaustos. Conheci vários judeus que perderam grande parte de suas famílias nas câmaras de gás dos nazistas. Algumas dessas pessoas, que estão de luto pelo resto da vida, são meus amigos íntimos. Tenho o costume de visitar, na assim chamada *Noite dos Cristais*,[1] famílias judaicas que perderam parentes mortos pelos nazistas decênios atrás. O que me impressiona é sua capacidade de levar a vida adiante, sua habilidade para carregar a memória de tão horrível catástrofe.

---

[1] Noite de 9 de novembro de 1938, quando ocorreram atos de violência contra os judeus na Alemanha e na Áustria, então sob o domínio dos nazistas (Nota do Tradutor).

Além de meus amigos judeus, ouvi o testemunho de alguns frades Capuchinhos de Cracóvia, a quem tive oportunidade de ensinar inglês. Muitos deles tinham sido prisioneiros durante quatro anos e meio no campo de concentração de Dachau. Uma grande comunidade de mais de trinta frades havia sido presa em um único dia. Apenas sete sobreviveram, e eles tinham recordações terríveis da crueldade e do horror que sofreram por quase cinco anos.

Um sacerdote especialmente corajoso, Monsenhor Arthur Rojeck, pároco na Arquidiocese de Nova York, tinha sido prisioneiro durante quatro anos e meio. Curiosamente, fora libertado por um soldado S.S. que interveio para impedir que injetassem ar em suas veias e amputou, do modo mais delicado possível, seu dedo infetado e fez a sutura. Mons. Rojeck não gostava de recordar esse passado, mas viveu toda a sua vida com a lembrança desses anos horríveis. Foi estranho, e isto é significativo, o que ele dizia: "Agora não posso querer que aquilo não tivesse ocorrido, porque aqueles anos me fizeram a pessoa que sou hoje". É isso que acontece, muitas vezes, com quem sobreviveu a uma catástrofe.

Por essa reflexão sobre as catástrofes que nos rodeiam, inclusive a catastrófica morte de crianças pequenas, o ataque de demência grave, o aparecimento de doenças progressivas e finalmente fatais como a ALS (mal de Lou Gehrig) – no meio disso tudo as pessoas compassivas devem sentir que precisam tomar parte no sofrimento dos outros. Passar pela vida, neste mundo, sem uma atitude de compaixão e interesse pelas catástrofes dos outros é, provavelmente, uma das piores situações que uma pessoa pode viver. As palavras de Cristo no Evangelho de São Lucas – "Ai de vós que agora rides, porque havereis de chorar" (6,25) – parecem dirigidas àqueles que estão rodeados de pessoas sofredoras, mas simplesmente conseguem evitar qualquer envolvimento. Isto em si já é uma catástrofe.

> Ninguém é uma ilha, um todo completo,
> cada pessoa é um pedaço do continente,
> uma parte do conjunto.
>
> (John Donne)

As palavras desse poeta bem conhecido nos lembram que fazemos parte da raça humana, a qual, embora cumulada de muitas bênçãos e muitas coisas boas, constantemente enfrenta a catástrofe e a dor. Se você está vivendo uma tragédia pessoal enquanto lê este livro, pense bem que você tem numerosa companhia. Lembre-se de que ao redor de nós, talvez no quarteirão vizinho ou na cidade próxima, há pessoas passando por dores semelhantes. Você não está sozinho. Uma das conclusões deste livro é que nós crescemos quando a catástrofe nos atinge, tornando-nos mais compassivos e preocupados com as outras pessoas. A única alternativa possível é voltar para dentro de nosso santuário imaginário e aí viver uma autoindulgência isolada e narcísica. Essa talvez é a maior catástrofe de todas elas, mas isto só será reconhecido no fim da vida.

2

As Catástrofes que Acontecem

Pareceu-me, quando estava escrevendo este livro, que seria útil delinear os diferentes tipos de catástrofes. Se você está sofrendo uma catástrofe, você pode simplesmente saltar as seções que não lhe dizem respeito. Se, por outro lado, você está lendo porque deseja preparar-se para a possibilidade de uma catástrofe ou para entender como ajudar as pessoas que enfrentam grandes dificuldades e sofrimentos, seria prudente considerar com cuidado as diferentes espécies de infortúnios que podem acontecer.

Ao nos prepararmos para fazer isso, é importante recordar que fomos criados por um Deus todo-poderoso, a fim de termos alegria e plena realização. É isto que nos espera após o fim dessa vida difícil. As pessoas quebram a cabeça com o chamado "problema do mal". A Sagrada Escritura apresenta, de um modo simples, a origem dos males que atormentam o ser humano, descendente dos primeiros pais chamados Adão e Eva. Por que esse mal chega até nós é completamente misterioso.

Tendo já escrito antes sobre sofrimento e dificuldades, gastei uma boa quantidade de tempo ponderando o mistério do mal. Santo Tomás de Aquino observa que o problema do mal é a razão da incredulidade da maioria das pessoas que não creem e a razão da fé da maioria das pessoas que creem. O mal parece não ter resposta nenhuma se você não acredita em Deus e parece ser muito enigmático mesmo se você acredita.

Acho que os cristãos, concentrando-se na bondade e poder infinitos de Deus, esquecem o fato de que a vida humana é uma grande batalha, como Santo Tomás a chama, "um estranho duelo entre o bem e o mal". Se você se pergunta quão poderoso o mal pode ser, pense então nos holocaustos, nas guerras, revoluções e devastações do século XX. Um mal incrível é possível em toda parte. O mal atinge seu ponto máximo na vida de Cristo quando ele é levado para sua terrível Paixão e morte. Nosso Senhor, no solilóquio que antecede a narrativa da Paixão no Evangelho de São João, diz claramente que sua Paixão já próxima é obra de Satanás e que o Príncipe deste mundo será vencido por sua morte. Depois que uma voz do céu responde, proclamando que Deus glorificará seu Nome, Cristo diz: "'Não foi por minha causa que esta voz se fez ouvir, mas por vossa causa. É agora o julgamento deste mundo. Agora o príncipe deste mundo será lançado fora. E eu, quando for levantado da terra, atrairei todos a mim'. Ele dizia isto para dar a entender de que morte haveria de morrer" (Jo 12,30-33). A doutrina do conflito entre o bem e o mal na Paixão é às vezes descuidada, mesmo se a razão dada para a Paixão é que Satanás entrou no coração de Judas Iscariotes (Jo 13,27).

Devemos tomar profunda consciência dentro de nós mesmos de que existe um conflito que acontece neste mundo refletindo o conflito entre o bem e o mal que teve lugar nas eras antes do tempo. Esse conflito é recordado no Livro do Apocalipse quando ele diz: "Houve uma batalha no céu" (12,7). Nossa tendência é evitar a leitura do Livro do Apocalipse ou pelo menos evitar aplicá-lo a nossos tempos, porque é tão misterioso. Porém, se olhamos com realismo o que se passa na vida humana e na história, vemos que os grandes conflitos entre o bem e o mal, entre os anjos de Deus e Satanás no Livro do Apocalipse, soam muito verdadeiros. Não obstante o fato de o Livro do Apocalipse estar cheio de mistério, isto deveria dar-nos conforto.

Muitas vezes, as pessoas fazem esta pergunta: "Se Deus fez tudo perfeito, por que fez um mundo imperfeito?" Não é uma pergunta tola. E uma parte da resposta está envolta em mistério.

A resposta mais óbvia é que pela constância paciente e pela fé e confiança, mesmo nas trevas, tornamo-nos preparados para nossa salvação. Nós não a adquirimos porque ela já foi adquirida por Cristo, mas sendo seus discípulos e carregando a cruz como Ele disse que é nosso dever, tornamo-nos dignos de ser chamados seus discípulos e de entrar no Reino de Deus. Ninguém que leia os Evangelhos ou uma parte qualquer do Novo Testamento pode duvidar que os discípulos de Cristo devam sofrer com Ele.[1]

É teoria geral entre paleontólogos e arqueólogos que a raça humana começou na África no território hoje pertencente ao Quênia. Se não foi lá, então no Oriente Médio. Se você for à África, agora vai encontrar multidões sem-número de crianças que perderam os pais por causa da catastrófica epidemia da Aids. Quando se pensa que cada uma dessas crianças órfãs tem vida humana e sentimentos próprios, que cada uma delas vive a vida com a sede de felicidade e de algum conforto que toda pessoa tem, então a pergunta que brada a nosso ouvido é: "Por quê?" O que fizeram esses orfãozinhos para merecer vir a este mundo e perder seus pais com essa terrível doença?

Esse é apenas um dos dez mil exemplos que eu poderia citar do problema do mal. Infelizmente, na civilização ocidental tornou-se um lugar comum as pessoas se isolarem do mal, não olhar além das aparências. O mal é um mistério e devemos reconhecê-lo como misterioso. Isto não é difícil de se fazer quando consideramos a beleza e a ordem da vida humana, o maravilhoso potencial do ser humano, e então vemos os efeitos devastadores do mal. É um mistério.

Hoje, muitas pessoas têm dificuldade de lidar com o conceito do misterioso. Acreditam, sobretudo se são religiosos, que tudo deveria ser compreensível e razoável. Esse vem a ser um equívoco popular de nosso tempo. Imenso número de coisas, como a gravidade,

---

[1] Por causa da importância desse assunto, passei algum tempo em um livro chamado *Healing The Original Wound* (Ann Arbor, Mich.: Servant Publications, 1993). O leitor interessado nessa questão do Pecado Original, bem e mal, salvação e redenção pode encontrar nesse livro temas relevantes.

o tempo, a própria vida, que pertencem ao campo da ciência, são completamente misteriosas. Muitos aspectos da personalidade humana são misteriosos: por que queremos fazer uma coisa e acabamos fazendo outra, por que somos misteriosos para nós mesmos?

A vida é um mistério e os que deixam de enfrentar o mistério ou são muito ingênuos ou muito irritados ou acabam sendo as duas coisas. Muitos dos ataques à religião que, como dissemos, estão na imprensa popular em nossos dias, afinal se baseiam na recusa de encarar o mistério. O maior cientista que jamais existiu, Albert Einstein, tinha isto a dizer sobre o mistério:

> "A emoção mais bela e mais profunda que podemos experimentar é a sensação do místico. Ela é a semeadora de toda ciência verdadeira. Aquele a quem esta emoção é estranha, que já não consegue admirar e ficar extasiado em estupefação, está igual a um morto. Saber que o que é impenetrável para nós existe, manifestando-se como a mais elevada sabedoria e a mais radiante beleza que nossas obtusas faculdades podem compreender somente em suas mais primitivas formas – este conhecimento, este sentimento está no centro da verdadeira religiosidade. Minha religião consiste em uma humilde admiração do espírito superior incomensurável, que se revela nos frágeis detalhes que podemos perceber com nossas mentes débeis e medíocres. Essa convicção profundamente emocional da presença de um poder superior racional que é revelada no incompreensível universo forma minha ideia de Deus". [2]

Males Físicos

Os tipos de males e desastres mais comuns que podem acontecer a uma pessoa são os seguintes: doenças físicas, acidentes, doenças genéticas herdadas, epidemias e coisas semelhantes. Às vezes, na pretensa segurança de nossa cultura mais cientificamen-

---

[2] Lincoln Barnett. The Universe and Dr. Einstein, com introdução de Albert Einstein (New York: William Morrow and Company, 1948), p. 105.

te avançada, pensamos que estamos imunes a essas coisas. Não obstante, epidemias como a Aids acontecem e os cientistas nos avisam que pode haver uma grande epidemia chamada pandemia. Além disso, existem males ordinários e doenças fatais que podem nos sobrevir. Alguém aparentemente saudável, que cuida bem da saúde, pode, de repente, enquanto corre no parque, cair morto com um ataque do coração. Uma pessoa que lutou contra uma séria doença por muitos anos pode, às vezes, tombar vítima de um acidente. Devemos tomar consciência de que a possibilidade de uma grave doença física ou de um sério acidente jamais está longe de cada um de nós. Eu vi o curso de minha vida mudar dramaticamente pelo erro de um momento em que eu escolhi a pista errada e entrei na contramão do trânsito.

Desastres Naturais

Muitas pessoas vivem a vida pensando que vão escapar de desastres naturais. Porém, algo simples como um raio que cai na casa ou um fio elétrico defeituoso pode nos afundar no pior dos desastres. Muitas vezes, ouvimos falar de inundações, tornados, furacões, incêndios florestais em diversas partes do mundo. Parece não haver uma parte do mundo sequer que seja completamente livre da possibilidade de desastres naturais, embora naturalmente alguns lugares sejam mais seguros que outros. Não faz muito tempo, ficamos estarrecidos com aquela onda gigantesca, ou tsunami, que devastou as costas da Índia e da Indonésia. Algo totalmente inesperado, causado por um terremoto no fundo do mar. Meu escritório ficava a poucos metros do quebra-mar de uma baía em Long Island Sound. Parece um lugar muito tranquilo, mas alguns anos atrás um de meus vizinhos foi arrastado pelas ondas de um furacão. Desastres naturais são sempre uma possibilidade.

O mal propositai

A história mundial está cheia de gente que fez mal aos outros. Há males causados com intenções perversas, descarregando sobre terceiros seus impulsos destrutivos. Mas com frequência o mal é praticado por pessoas que pensam estar agindo bem. Muitas das mais perigosas ideologias políticas do século XX foram incorporadas por pessoas que pensavam estar beneficiando a raça humana. Basta pensar nas vítimas do comunismo bolchevista, do nazismo, do extremismo islâmico para perceber que os males perpetrados, para atingir objetivos que as pessoas erroneamente acreditavam ser uma boa causa, causaram uma tremenda soma de sofrimentos e catástrofes. Hitler, Stalin e Mao, todos eles pensaram que eram grandes benfeitores da humanidade. Em sua paranoia e orgulho, brutalmente eliminaram milhões de vidas.

Ao lado desse tipo monstruoso de mal, existe o crime simples, cometido contra outra pessoa buscando vantagem ou satisfação pessoal. Muitas vezes, no caso de criminosos, é possível descobrir como essas pessoas foram introduzidas nesse caminho destruidor por suas experiências de infância. Tendo trabalhado por muitos anos como capelão de uma entidade que procurava dar assistência a jovens com desvio de conduta e delinquentes, muitos dos quais foram expostos ao crime por abusos físicos, entendo como um jovem pode tornar-se um adulto que comete ações monstruosas. Que dizer das vítimas de todas estas coisas: gente que teve sua família destruída por um ato criminoso ou algum gesto de loucura, crianças que sofreram danos, abusos ou destruição? Como entender esse mal, se ele é praticado por pessoas que escolheram fazer o bem à humanidade, inclusive membros do clero? Isto é ainda mais estarrecedor. Torna-se uma catástrofe, e mesmo um horror, embora o autor desses atos possa jamais ter tido a intenção de prejudicar alguém quando optou por esse caminho.

O mal pessoal

Qualquer um de nós, olhando sinceramente para sua própria personalidade, pode encontrar nela elementos egoísticos e possivelmente até elementos destrutivos. Não gostamos de olhar para esses dinamismos, mas muitas vezes na psicoterapia eles vêm à tona. É insensatez até mesmo pensar que esse mal seja impossível para nós. Pense nos homens que Jesus chamou para serem seus aliados e seguidores mais íntimos. Viveram com Ele três anos. Viram seus milagres, ouviram seu abençoado ensinamento e, mesmo assim, por medo e fraqueza, abandonaram-no na hora em que Ele mais precisava deles, e um deles chegou a traí-lo e vendê-lo. A catástrofe do mal pessoal é sempre uma possibilidade.

O mal social

Às vezes, sociedades inteiras são levadas de maneira louca e perversa a um comportamento incrivelmente mau. Com frequência isso acontece por obra de pessoas de boa vontade que tencionam fazer o bem. Basta pensar na morte de dezenas de milhões de crianças inocentes vítimas de aborto nos Estados Unidos e em muitos outros países. Os que apoiam e efetuam essa prática assassina são muitas vezes pessoas muitos civilizadas e conscientemente bem-intencionadas. São enganadas quanto à natureza de seus atos, e seria apropriado dizer que são iludidas pelo próprio mal, como o foram os líderes das ideologias políticas acima mencionadas. Pense no mal imenso feito aos Estados Unidos pelo aborto, que é julgado por homens cuidadosamente escolhidos para serem justos juízes.

Outro grande mal nos Estados Unidos, que infeliz e surpreendentemente não se comenta com muita frequência, foi o modo de tratar os africanos que foram levados para lá como escravos. A escravidão que existiu nos Estados Unidos foi de uma atrocidade sem igual nos tempos modernos. Em 1857, a Suprema Corte dos Estados Unidos, no caso de Dred Scott, um escravo fugitivo, declarou que ele era apenas uma mercadoria, um objeto semelhante a um móvel, que ele não tinha nenhum direito. Esse terrível juízo da Suprema Corte precipitou a Guerra Civil. É interessante que o chefe dos magistrados e alguns outros que sustentaram essa declaração eram de opinião que a escravidão estava errada, mas votaram por um compromisso.

Mesmo depois da Proclamação da Emancipação, o modo de tratar os americanos afrodescendentes permaneceu cruel. Leis severas foram promulgadas, especialmente na região sul dos Estados Unidos, forçando-os a uma situação de pobreza e humilhação extremas. Mesmo no norte, havia uma grande segregação e injustiça que duraram até por volta de 1960. Foi, de fato, um inspirado ministro protestante, Martin Luther King Jr., que chefiou a mobilização dos negros americanos contra o mal da segregação e da opressão. A situação da população negra norte-americana mudou consideravelmente desde então, mas ainda rondam por lá resíduos e fantasmas dessa terrível injustiça. Isto pode ser observado quando se visita uma prisão federal praticamente em toda parte. Há um número desproporcional de internos da raça negra, junto com uma falta de oportunidades e um sentimento de inferioridade. Esse mal, como o aborto, persiste ainda hoje. É a página mais sombria da história norte-americana.[3]

Um mal mais recente tem sido a exploração dos trabalhadores sem documentos. Milhões desses trabalhadores foram aceitos nos

[3] A experiência dos negros americanos, de modo bastante misterioso, também gerou nossa grande beleza espiritual. "Onde abundou o pecado, superabundou a graça" (Rm 5,20). Enquanto aquele povo era tratado injusta e horrivelmente, criaram sua própria espiritualidade com hinos e orações. Não prestamos bastante atenção à espiritualidade bíblica e simples gerada pelos negros americanos no meio de um mal e uma injustiça terríveis.

Estados Unidos com a aberta cooperação e conivência do governo civil. Foi-lhes permitido entrar porque nenhum outro faria o extenuante trabalho que eles fazem por salários tão pequenos. Muitos empresários da lavoura e da produção de alimentos admitem que eles não podem tocar seus negócios sem esses trabalhadores, e, no entanto, por meio de leis draconianas, os trabalhadores sem documentos foram colocados em uma situação na qual não podem legalmente ganhar o pão de cada dia. É impossível mover um contingente de nove ou dez milhões de operários no período de um mês, e assim o que acontece é que eles são forçados a uma posição de violadores da lei junto com seus empregadores. Já que a lei é impraticável no caso de uma multidão tão grande, os agentes executores da lei são convidados a selecionar os que eles querem punir ou perseguir por razões meramente pessoais. Abrimos o país ao suborno generalizado e à manipulação de oficiais públicos por meio de leis fora da realidade que não podem ser aplicadas com justiça. Os empregadores serão forçados a subornar ou favorecer líderes políticos e a polícia para evitar serem selecionados como representantes dos patrões de empregados ilegais. O pior disso tudo é o fato de que todos esses trabalhadores descontam seis por cento de seu salário para a Previdência Social e jamais vão receber um centavo dessa quantia. Essa injustiça, totalizando bilhões de dólares todo ano, é o que o Antigo Testamento identifica como pecado que brada ao céu por castigo.

Todos estamos envolvidos no mal. É impossível viver neste mundo sem se tornar involuntariamente envolvido em alguma injustiça ou mal. No entanto, nossa questão não é a nosso respeito, mas antes sobre aqueles que são vítimas do mal. Todas as pessoas que mencionamos acima – desde os que sofrem acidentes graves por obra de motoristas irresponsáveis, os fetos abortados, até os homens que são presos ou até injustamente executados quando o culpado é um outro –, todos esses são vítimas de males e horrores catastróficos que acontecem no dia a dia por causa da injustiça.

As pessoas sentem-se constrangidas quando a religião, especialmente a Bíblia, fala do juízo de Deus. Elas gostariam de ter uma imagem de Deus como alguém que, sendo infinitamente bom, enxerga tudo como agradável e divertido. Não é assim. Para corrigir os erros do mundo, para restabelecer a justiça divina, para fazer o bem triunfar sobre o mal, o Verbo Eterno de Deus, igual ao Pai em tudo, veio ao mundo e assumiu um corpo humano real e uma verdadeira alma humana no seio da Virgem Maria. Viveu uma vida pobre, de trabalho duro, privações e suprema incompreensão. Morreu em meio às torturas mais dolorosas que se possam imaginar, e fez isto para que o mal fosse vencido pelo bem. Isto é algo que, quando estamos às voltas com o mal que é feito contra nós, por querer ou sem querer, devemos recordar: o próprio Deus, na pessoa de seu Filho, suportou os males que misteriosamente perseguem a vida humana sobre a terra. É bom lembrar que os cristãos pertencem à única religião do mundo que acredita em um Deus que sofre, em um Deus que morre.

3

O Mal que Não Se Torna o Pior

Santo Agostinho ensina que Deus não causa o mal, mas faz com que o mal não se torne o pior. Não é provável que uma pessoa no meio da luta com uma catástrofe ou um horror vá se lembrar disso. Mas, de fato, o pior dos males chega ao fim e até possivelmente produz bons resultados. O famoso provérbio "Deus escreve direito em linhas tortas" pode até ser enfatizado a ponto de se dizer: "Deus escreve muito direito em linhas muito tortas".

Um dos mais marcantes sinais da Providência Divina é assim: se a pessoa persevera na fé, até as piores e mais pavorosas catástrofes podem, com o correr do tempo, levar ao bem ou, pelo menos, serem substituídas por um outro bem. Por exemplo, meus velhos amigos judeus escaparam dos nazistas e finalmente encontraram vidas pacíficas e confortáveis na América. Eles se tornaram unidos em amizade e apoio mútuo. O aniversário da *Noite dos Cristais* (quando os piores massacres começaram na Alemanha) fez um grupo deles se reunir em uma das mais singulares e comoventes épocas de partilha humana que eu jamais conheci, embora na aparência fosse apenas um jantar partilhado por um grupo de gente idosa.

Uma de minhas amigas, cujos filhos foram mortos, viveu uma vida tranquila, fazendo boas obras e vivendo tão corajosamente que a maioria das pessoas que ela ajudava não tinha a menor ideia do inferno que ela experimentou.

Vale a pena recordar que catástrofes anunciadas, muitas vezes, não acontecem absolutamente ou caminham para imprevisíveis conclusões. No caso de doença, isto pode até ser o que os médicos identificam como "um milagre". Eu mesmo sou um exemplo disso. Fiquei vinte e sete minutos sem dar nenhum sinal de vida, inclusive não tinha pressão sanguínea, nem batidas do coração, nem respiração. Os médicos e as enfermeiras excelentes e dedicados, que cuidavam de mim no Centro de Traumatologia de Orlando, estavam a ponto de desistir, quando o padre John Lynch, que estava comigo, pediu-lhes que continuassem insistindo. Eles lhe garantiram que não havia mais esperança e que, mesmo se eu sobrevivesse, ficaria em um estado "vegetativo". O fato é que, não obstante todas as sérias predições, meu organismo funciona, eu penso e, com certa dificuldade, até ando. Com efeito, estou agora mais ocupado do que nunca antes em minha vida. É uma catástrofe que não acabou. Interessante: eu sou um milagre médico, mas não um milagre para a Igreja Católica, que exige que a cura seja instantânea e completa.

Há também doenças sérias que não continuam sua trajetória predita. Há pessoas que se recuperam, como em meu caso, de condições de saúde extremamente alarmantes. Às vezes, essas curas acontecem em circunstâncias claramente religiosas, como a cura de uma pessoa em um santuário. O Dr. Alexis Carrel, ganhador do Prêmio Nobel de medicina, deixou sua descrição de testemunha ocular ao ver um desses milagres acontecer. No final, quando a mulher regressou à vida normal sem nenhum sintoma de tuberculose, ele escreveu: "Eu vi a ressurreição dos mortos".[1]

Muitas vezes, alguém sobrevive a uma situação incrivelmente extrema e a situações de morte, e não se encontra nenhuma explicação. Praticamente, toda pessoa idosa que entrou

---

[1] Alexis Carrel, *The Voyage to Lourdes* (Frazer, Mich.: Real-View Books, 1994), citado em: Fr. Benedict Groeschel, *The Journey toward God* (Ann Arbor, Mich.: Servant Publications, 2000).

em contato com europeus durante a Segunda Guerra Mundial encontrou alguém que sobreviveu aos campos de concentração e conseguiu escapar ou sobreviver até que os Aliados chegassem. Às vezes, não há absolutamente nenhuma explicação humana para isso.

O corajoso escritor russo, Aleksandr Solzhenitsyn, enfrentou diretamente a União Soviética e o governo comunista em seus escritos quando ainda morava lá. Essa atitude corajosa e franqueza levou milhões de pessoas à execução imediata ou à condenação a uma morte gradual nas minas da Sibéria. De modo surpreendente, Solzhenitsyn sobreviveu e foi uma das grandes testemunhas contra o totalitarismo em nosso tempo. Procure em sua memória e pense nas pessoas que você conhece e que estão vivas a despeito de experiências semelhantes de proximidade com a morte. Conheço dois homens que sobreviveram às invasões da Normandia e de Anzio e estavam no meio da carnificina quando praticamente todos os que estavam com eles foram mortos. Um deles, um frade Capuchinho, padre Bruno, até mesmo caminhava pela praia normalmente esperando ser morto a qualquer momento, enquanto administrava o sacramento da unção dos enfermos aos soldados moribundos. Por alguma razão, ele nunca foi sequer ferido.

Estas perguntas podem vir à mente de qualquer leitor que viveu uma catástrofe: "Por que este final feliz não me aconteceu? Deus não estava velando sobre mim?" Ou: "Um final feliz em uma situação extrema é simplesmente uma questão de sorte?" São perguntas muito legítimas que vamos responder no próximo capítulo. Mas é óbvio que há pessoas que certamente deveriam sofrer resultados catastróficos daquilo que lhes aconteceu e de algum modo não sofreram.

Pode fazer parte da resposta simplesmente uma vontade de prosseguir. Ouvi da boca de vítimas de campos de concentração, tanto de nazistas como de bolchevistas, que os prisioneiros que queriam viver tinham a melhor chance de sobreviver.

Muitos se tornaram tão desanimados em suas circunstâncias que não tomaram as necessárias providências para sobreviver. A esperança, mesmo em um nível puramente humano, pode ser um fator na sobrevivência.

As consequências de um desastre são muitas vezes determinadas pela decisão da vítima de se arranjar com o que lhe sobrou. Todos nós conhecemos pessoas que prosseguiram corajosamente para viver vida nova. Conheço algumas pessoas que passaram por horríveis adversidades, como o sequestro de seus filhos arrebatados por atos de violência ou uma catástrofe que aconteceu. Um conhecido meu, que perdeu toda a sua família em um terrível acidente de barco, criou uma segunda família sua. Uma ideia que pode ser de grande ajuda em qualquer catástrofe é que "tudo passa", para citar as palavras de Santa Teresa D'Ávila. Na pior das situações, sobretudo se a adversidade chegou muito de repente, pode ser impossível "abraçar essa ideia". Porém, quando o choque inicial se acalma e começa o longo período de desesperação, é sábio recordar que cada dia representa um passo que afasta da tribulação.

É imensamente benéfico neste tempo se a pessoa conseguir rezar e até fazer um ato de fé e de esperança. Muitas vezes, o começo do perdão é até mais proveitoso. Immaculée Ilibagiza encontrou a graça de ir e ajudar muitos milhares de pessoas após o sofrimento do holocausto de Ruanda, que ela descreve em seu testemunho, *Left to Tell*. Sua família foi toda exterminada.

> "Carregamos os corpos de minha mãe e de meu irmão para dentro das ruínas de nossa casa e cavamos um grande túmulo no meio de um dos quartos, onde antes reinavam o amor e o riso. Não ficou nenhum sacerdote na aldeia, de modo que nós mesmos realizamos o rito do sepultamento. Cantamos alguns dos hinos favoritos de minha mãe e rezamos muitas orações. Pedi a Deus que acolhesse minha família perto dele e velasse por suas belas almas no céu; e então eu disse adeus.

> Daí a pouco estávamos de novo nas nuvens, voando alto por sobre minha aldeia, alto sobre o sofrimento que afligira nossas vidas... tão alto que senti que podia tocar a face de Deus."[2]

Quando entrevistei Immaculée em meu programa, quase não podia imaginar os horrores pelos quais ela passou, mas ela foi adiante com fé, esperança e perdão. Ela vive a doutrina de Santo Agostinho, que diz que Deus impede o mal de se tornar pior. A oração de Immaculée por sua família, brutalmente assassinada, traz-nos uma outra intuição particularmente útil no caso de doença terminal – a saber, a transitoriedade ou a natureza passageira da vida humana. Tudo o que temos e experimentamos, o bem e o mal, vai chegar ao fim. Cristo nos adverte no relato evangélico da torre que desabou em Siloé matando dezoito pessoas. Diz Ele que os que morreram não eram piores que todos os outros, mas que devemos ter em mente que precisamos evitar o pecado e fazer o bem, senão teremos um destino pior (Lc 13,4-5).

---

[2] Immaculée Ilibagiza with Steve Erwin, *Left to Tell* (Carlsbad, Calif.: Hay House, 2006).

4

Quando Passa a Tempestade

Quando o encontro imediato com uma catástrofe ou horror passou e ficamos simplesmente com os efeitos, o que pode ser extremamente doloroso, o que fazer? É de se esperar primeiramente um período de desorientação. Isto é verdade, mormente após um acidente ou algum outro acontecimento desastroso imprevisto, como um incêndio na casa ou alguém que é morto ou gravemente ferido, ou até mesmo encarcerado. Há um tempo de aflição, desorientação, quando se tenta "juntar os cacos". No meio de tudo isso, costuma haver amigos que chegam para ajudar, tentando ser úteis, ouvindo, dando sugestões. Pode acontecer, às vezes, que fiquemos impacientes com suas sugestões, porque com frequência são bastante óbvias. Ninguém sabe realmente o que fazer. Pessoas de fé, nesse caso, devem abraçar sua fé em Deus. Não há outro caminho. Temos certeza, pelo Antigo e Novo Testamentos, que a Providência Divina cuida dos que confiam em Deus. Os famosos versos do Salmo 23 afirmam isto muito claramente:

> "Se eu tiver de andar por um vale escuro, não temerei mal nenhum, pois comigo estais. Vosso bastão e vosso cajado me dão segurança. Diante de mim preparais uma mesa aos olhos de meus inimigos... Felicidade e graça vão me acompanhar todos os dias de minha vida".

Essa é uma dentre um imenso número de citações do Antigo Testamento que afirmam que devemos colocar nossa confiança em Deus. Elas existem ao lado de outras páginas, nas quais o orante pergunta por que Deus não o ajudou e clama por Deus no desespero.

> "Meu Deus, meu Deus, por que me abandonastes?
> E ficais longe de meu grito e minha prece?
> Ó meu Deus, clamo de dia e não me ouvis,
> clamo de noite e para mim não há resposta" (Sl 22,2-3).[1]

As palavras desse salmo são idênticas às que Jesus pronunciou na cruz. Com efeito, alguns Padres da Igreja acreditam que Nosso Senhor rezou o salmo inteiro quando estava na cruz. As palavras desse salmo contrastam com afirmações animadoras de Jesus, tais como: "Pedi e recebereis, buscai e achareis, batei e a porta vos será aberta" (Mt 7,7). São Paulo chega ao ponto de dizer que "tudo concorre para o bem dos que amam a Deus" (Rm 8,28).

As pessoas de fé devem lutar para colocar suas catástrofes ou mesmo horrores em certo tipo de relação com as garantias do amor de Deus. O fato misterioso é que coisas pavorosas podem acontecer com uma pessoa que tem confiança em Deus. Como vimos, há muitos exemplos de coisas terríveis que não acontecem, como pessoas que sobrevivem e voltam para casa de horríveis campos de concentração e pessoas que se recuperam de doenças ou acidentes incríveis. Mas, por outro lado, há os que não sobrevivem, não se recuperam. Vem a pergunta: "Deus estará jogando conosco?"

É aqui que uma pessoa de fé precisa adotar uma visão mais larga. O objetivo desta vida não é nos trazer felicidade permanente aqui na terra. Alguma felicidade vem ao longo do caminho, é verdade. E vem muitas vezes de modo inesperado a muitas pessoas. É possível encontrar gente que nasceu com doenças catastróficas e muitas vezes vive bem feliz e contente,

[1] Tradução da Liturgia das Horas.

e por outro lado encontrar alguns que gozam de boa saúde e de uma vida muito próspera, e que, ao mesmo tempo, vivem bastante infelizes.

A questão é: o que vemos como objetivo da vida? Para o cristão de fé, deve ser visto como objetivo da vida a entrada na vida eterna.

> "Não se perturbe vosso coração! Vós credes em Deus, crede em mim também. Na casa de meu Pai há muitas moradas. Se não, eu vos teria dito que vou preparar-vos um lugar? Depois de ter ido e vos ter preparado um lugar, voltarei e vos tomarei comigo, para que, onde eu estiver, vós estejais também. E vós conheceis o caminho do lugar para onde vou."
>
> Tomé lhe disse: "Senhor, não sabemos para onde vais; como podemos saber o caminho?" Jesus respondeu-lhe: "Eu sou o caminho, a verdade e a vida. Ninguém chega ao Pai senão por mim" (Jo 14,1-6).[2]

Se procurarmos agir assim, haja o que houver, seremos levados para a vida eterna. São Paulo é um dos escritores do Novo Testamento que é mais enfático sobre isso e muitas vezes proclama que, no meio de grande necessidade e sofrimento, ele sabe que Deus o está conduzindo pelo caminho.

> "Pois penso que Deus nos apresentou a nós, apóstolos, na classe mais baixa, como condenados à morte; porque fomos dados em espetáculo ao mundo, aos anjos e aos homens. Nós somos loucos por causa de Cristo, e vós sois prudentes em Cristo; nós somos fracos, e vós sois fortes; vós sois honrados, e nós, desprezados. Até agora sofremos fome, sede, nudez; somos maltratados e andamos errantes; estamos cansados de trabalhar com nossas mãos. Somos insultados, e abençoamos; somos perseguidos, e enfrentamos;

[2] Traduzido conforme a Nova Vulgata.

> somos caluniados, e confortamos. Tornamo-nos como o lixo do mundo, o desdém de todos até agora" (1Cor 4,9-13).

Não obstante tudo isso e a dramática expressão de São Paulo, repetida mais de uma vez, das dificuldades dos apóstolos e dele próprio, percebemos um sentimento completamente diferente em uma outra citação. Ela é uma afirmação de total confiança em Deus: "Tenho certeza, de fato, de que nem a morte, nem a vida, nem os anjos, nem os principados, nem o presente, nem o futuro, nem os poderes, nem a altura, nem a profundeza, nem outra criatura qualquer poderá separar-nos do amor de Deus que está em Cristo Jesus, nosso Senhor" (Rm 8,38-39).

O fiel deve seguir em frente com a clara convicção, mesmo em meio ao horror, de que Deus transformará tudo isso em bem na vida eterna. Se pensamos no imenso número de pessoas mortas nos campos de concentração durante a Segunda Guerra Mundial e depois sob Stalin, observamos que muitas delas morreram alimentando essa esperança. Muitas vezes rabiscadas nas paredes dos campos estão cruzes, citações da Bíblia e palavras indicando a esperança eterna por parte daqueles que enfrentaram a tortura e a morte. O exemplo de São Maximiliano Kolbe, diante do monstruoso mal, sobressai. Esse sacerdote, que tinha sido extremamente atuante e fervoroso apóstolo, a ponto de fundar o maior mosteiro de frades do mundo, foi condenado ao campo de Auschwitz, espezinhado, açoitado e deixado para morrer. Quando um homem a seu lado foi sorteado para morrer de fome como refém, Kolbe pediu para tomar seu lugar e lho permitiram. Sua vida e sua morte são incríveis exemplos de esperança. Sua generosidade poupou a vida de um outro ser humano, um homem que eu encontrei já idoso, que passou a vida dando testemunho da coragem e da incrível caridade de São Maximiliano.

Pode-se dizer que, através dos séculos, os mártires desafiaram os piores dos males e venceram. Há um provérbio que diz que o mártir começa sua obra no dia em que morre. É claro que uma pessoa deve acreditar na vida eterna, no mundo que virá e no juízo final para aceitar essa promessa. É aí que entra a fé e nos mostra o caminho no meio do horror e do mal.

Deus sabe o que faz

Esta simples afirmação foi um ditado muito popular, sobretudo entre o povo irlandês durante os longos anos de luta e pobreza que sofreram como castigo por serem católicos em sua própria terra. Em minha juventude, ouvi muitas vezes, quando acontecia alguma tragédia ou calamidade, os irlandeses dizendo estas palavras: "Deus sabe o que faz". São palavras de fé simples e de coragem, e elas sustentam a pessoa.

Uma pessoa mais sofisticada pode querer contestar esse ditado. Discutir com aqueles que sentem desconforto com essa ideia não fará muito bem. Essa simples afirmação de fé, que não está contida literalmente na Sagrada Escritura, é uma resposta do fiel às verdades das Escrituras, da fé cristã e da tradição.

Uma fé fraca

Que dizer das pessoas de fé fraca? Elas gostariam de crer. Gostariam de confiar, mas não sentem ou não experimentam que sua confiança em Deus é bastante forte para sustentá-las na catástrofe em que se encontram. É uma situação difícil. Aqui a pessoa fica presa entre duas certezas aparentes. Uma é a verdade de que Deus sabe melhor e, na pior das circunstâncias, está conduzindo-nos adiante. A outra certeza é o completo ateísmo: que não existe nada e que a vida não tem sentido.

Não sou, de modo algum, insensível a uma pessoa assim, pois muitos, nesse tempo de secularismo e materialismo, possuem um tipo de fé fraca que não é muito mais que uma opinião positiva ou um palpite. Essa pessoa precisa sentar-se com calma e tranquilidade e ler o Evangelho, em particular os relatos evangélicos da Paixão de Cristo.

Parece que são muitos os autores que dizem que a solução cristã para o mistério do mal é meditar no fato de que o Filho de Deus abraçou voluntariamente o pior mal que o ser humano pode experimentar. É preciso ler esses relatos e meditar no que aconteceu com a melhor e mais bondosa pessoa que já existiu, e que veio explicitamente, segundo suas próprias palavras, "salvar o mundo". Sugiro que você leia atentamente esses textos antes de continuar.

> "Então os soldados do governador conduziram Jesus ao pretório e reuniram todo o batalhão em torno dele. Despiram-no e o cobriram com uma capa vermelha e, tecendo uma coroa de espinhos, puseram-na sobre a cabeça e na mão direita uma cana. Dobrando o joelho diante dele, zombavam dele, dizendo: 'Salve, rei dos judeus!' E, cuspindo nele, pegavam a cana e batiam com ela em sua cabeça. Depois de terem zombado dele, tiraram-lhe a capa. Puseram suas vestes e levaram-no para ser crucificado" (Mt 27,27-31).

> "À hora sexta, a escuridão cobriu toda a terra até a hora nona. À hora nona, Jesus gritou com voz forte: 'Eloí, Eloí, lema sabachthani?' Isto quer dizer: 'Meu Deus, meu Deus, por que me abandonastes?'" (Mc 15,33-34).

> "Levaram para ser executados junto com Ele outros dois, que eram malfeitores. Quando chegaram ao lugar chamado o Crânio, ali o crucificaram, como também aos malfeitores, um à direita e o outro à esquerda. Jesus dizia: 'Pai, perdoai-lhes, porque não sabem o que fazem'. Eles dividiram suas vestes tirando a sorte. O povo permanecia lá, observando.

> Também os chefes zombavam, dizendo: 'Salvou os outros, salve-se agora a si mesmo, se é o Cristo, o Eleito de Deus!' Os soldados igualmente o insultavam: aproximando-se, ofereciam-lhe vinagre e diziam: 'Se tu és o rei dos judeus, salva-te a ti mesmo!'" (Lc 23,32-37).

> "Jesus, vendo sua mãe e, perto dela, o discípulo que amava, disse a sua mãe: 'Mulher, eis aí teu filho'. Depois disse ao discípulo: 'Eis aí tua mãe'. E, desta hora em diante, o discípulo acolheu-a em sua casa. Em seguida, sabendo Jesus que tudo estava consumado, para se cumprir plenamente a Escritura, disse: 'Tenho sede'. Havia ali um vaso cheio de vinagre. Embeberam de vinagre uma esponja e, fixando-a em uma vara de hissopo, chegaram-na à boca. Havendo Jesus tomado o vinagre, disse: 'Tudo está consumado'. Inclinou a cabeça e entregou o espírito" (Jo 19,26-30).

A fé nos diz que Jesus Cristo é o Filho de Deus. Ele no-lo diz com suas próprias palavras, que foram dadas à Igreja pelo Espírito Santo nos Evangelhos. Quem tem uma fé fraca, deve meditar essas palavras, mesmo no meio de uma situação desesperada. A pessoa de fé firme provavelmente se terá voltado intuitivamente para a Cruz de Cristo. Mas quem tem uma fé fraca, pode não saber o que significa isso. Essa pessoa deve ler atentamente pelo menos um dos relatos do Novo Testamento sobre a morte de Jesus e sua Ressurreição para experimentar a resposta de Deus ao problema do mal. Em seu próprio Filho, Ele sofreu o pior dos males deste mundo, o mais terrível dos horrores.

Pela Cruz de Cristo, um número sem conta de pessoas têm sido capazes de passar por horrores, de experimentar o pior e mesmo assim atravessar para o outro lado, juntar os cacos e perseverar com fé.

Um exemplo interessante dessa fé e da importância que tem a meditação da Paixão de Cristo pode ser encontrado no campo de concentração de Dachau. Esse horrível lugar era onde se realizavam experiências biológicas nos prisioneiros.

Eles eram tratados como cobaias. Conheço sacerdotes que foram submetidos pelos cientistas nazistas a essas experiências biológicas e não obstante sobreviveram. De cada dez presos que morreram em Dachau um era um bispo católico, padre, irmão ou seminarista. Com efeito, mesmo na frente dos guardas de Dachau, um jovem seminarista que estava morrendo de tuberculose foi ainda ordenado sacerdote.

Quando se chega a Dachau, que foi preservado com exatidão, nos fundos se avista o que parece ser uma igreja. A torre de vigia, ou torre de observação do campo de concentração, foi transformada em um campanário. Essa é a nossa entrada para o Convento do Precioso Sangue; Irmãs Carmelitas de clausura levam uma vida de oração e de penitência neste edifício, construído como os galpões do campo de concentração. O altar fica por cima daquilo que era chamado "a vala do sangue", onde as pessoas eram executadas.

Na frente do convento há um grande monumento erguido por um bispo que tinha sido prisioneiro. É um silo de pedra, com um enorme talho ou fenda. Está pendurada dentro do silo uma grande coroa de espinhos feita de metal. Essa coroa de espinhos é agora a logomarca do atual campo de concentração, que é mantido aberto como um museu das atrocidades nazistas. Lá estão também monumentos judaicos e protestantes, testemunhando a sobrevivência da esperança.

Quando se chega à mais trágica das circunstâncias, pode-se descobrir que lá está a esperança; não para os cristãos apenas, mas para toda pessoa que sinceramente crê em um Deus pessoal. Na cela em que foi encerrado São Maximiliano Kolbe para morrer de fome junto com outros nove homens, e ele sobreviveu a todos eles e teve de ser envenenado, agora está um lindo círio com os símbolos da Páscoa continuamente aceso e um buquê de flores – uma pequena, mas clara luz no meio de incríveis trevas.

Precisamos saber que "nós não somos daqueles que desanimam para sua perdição, mas homens de fé para a salvaguarda de nossa alma" (Hb 10,39) e que mesmo uma fé fraca que é formada e fortalecida pela oração, mesmo uma oração de desespero, pode ajudar uma pessoa no meio de um grande pavor, sofrimento e até horror. Penso que é isto que Anne Lindbergh quis dizer quando falou que, em seus dias de tristeza e horror pela morte de seu filhinho, ela encontrou consolo na crucifixão e na Ressurreição de Cristo.

5

Passos de Dor e Sofrimento

Geralmente, acontece quando as pessoas estão passando por uma situação horrível que elas conseguem perceber rápida e intuitivamente apenas os princípios que se tornaram parte importante de suas vidas. As pessoas de fé que vivem da fé vão perceber rapidamente esses princípios; esses serão a única coisa em que elas poderão se agarrar. Alguém de fé mais fraca, que talvez não prestou muita atenção, vai sentir-se desorientado, como dissemos. Mas esse é o momento em que ele deve rezar mais. Deve clamar a Deus. Rezar ele próprio e pedir a outros que rezem com ele. Mesmo aqueles que não sabem como rezar podem obter grande benefício pedindo a uma pessoa de fé que reze com eles. É uma coisa muito importante a fazer. Porém, uma pessoa que não tem familiaridade com a fé em Deus, ou tem uma fé fraca, pode de repente voltar-se para Ele em tempos de grande dificuldade e pedir aos que creem em Deus para que estejam a seu lado. Isto acontece com frequência e requer grande gentileza e tato da parte do fiel generoso.

É necessário que o fiel se interesse, mas não seja intrometido e não pergunte coisas da fé que a pessoa atribulada pode não ter ainda percebido. Se você tem fé e está com alguém que sofre uma adversidade, pergunte-lhe se você pode rezar com ele/ela. A pessoa ficará confusa por um instante, mas se você começar a rezar com suas próprias palavras, seguindo as inspirações das Escrituras, especialmente a Oração do Senhor, muito provavelmente a pessoa vai rezar junto com você, mas talvez em silêncio.

A maioria das pessoas sabe as palavras do Pai-nosso, e elas serão para quem sofre alguma coisa a que se apegar. Os católicos também, quase intuitivamente, começam a dizer a oração mais popular a Nossa Senhora, a Ave-Maria. Isto é uma imensa consolação, porque Maria viveu com seu Filho os fatos terríveis do final de sua vida terrena. As pessoas vão querer rezar também aos santos dos quais elas se sentem próximas e dos quais já receberam assistência. Esta não é, de modo algum, uma ideia má. Um santo no céu pode ser um amigo íntimo e um apoio para alguém que passa por um grande sofrimento e dor.

Uma vez concluída a oração intensa, é muito importante conversar com as pessoas atribuladas, deixar que manifestem sua dor, tomar tempo para estar com elas e talvez até segurar suas mãos ou, se for adequado, abraçá-las de algum modo. Diante do horror ou da catástrofe, todos nós regressamos a certo estado infantil. E isto é compreensível, pois as crianças necessitam de apoio.

Em nosso tempo, quando as teorias pansexuais da escola psicanalítica ainda estão bastante divulgadas, mas aceitas sem crítica, é muito triste que se interprete um abraço como algo que tem algum tipo de conotação sexual. Esse pensamento envenenou ou ridicularizou muitos tipos de relações humanas. Por um lado, a pessoa precisa estar atenta nessas horas para não ser malcompreendida por causa de um abraço ou mesmo de um toque. Mas em outras ocasiões, esse pode ser o único modo de ajudar uma pessoa, particularmente no choque de alguma experiência terrível de morte ou de medo. Quando passou o momento de terror ou de horror, é muito importante para a pessoa conversar sobre os acontecimentos. Conheci pessoas extremamente corajosas que viveram em campos de concentração, que não estavam inclinadas a recordar tudo aquilo. Talvez fizeram isso logo que foram libertadas. Anos mais tarde, não queriam lembrar aquela situação. É compreensível. Mas tendo feito o propósito de ser amigo e dar apoio às vítimas dos campos de concentração, tanto cristãos como judeus, percebi que elas, às vezes, ainda precisam conversar sobre aquilo, particularmente no aniversário de algo como a *Noite dos Cristais*, quando os nazistas quebraram os vidros de todas as lojas e casas dos hebreus que eles puderam encontrar na Alemanha e incendiaram muitas sinagogas. Um aniversário desse tipo é muitas vezes uma ocasião para as pessoas reprocessarem o horror que elas viveram.

Ira contra Deus

Consideração especial deve ser dada aos que se irritam contra Deus. Uma pessoa que passou por uma experiência de horror pode não ser capaz de explicar essa ira racionalmente, mas ela lá está. Lembro-me de um distinto arcebispo da Igreja Ortodoxa Armênia que nascera no deserto quando sua família escapou do Holocausto armênio na Turquia. Ele me contou que naquele tempo havia pessoas na Igreja Armênia que simplesmente não conseguiam rezar. Ficavam tranquilamente leais à Igreja. Até participavam da liturgia, mas não podiam rezar. Creio que em uma situação dessa um respeitoso silêncio pode ajudar. Amigos que entendem devem rezar por eles e com eles. Em vez de ver nisso uma ira blasfema contra Deus, eu seria inclinado a ver isso como emoções que estão além de toda expressão. Eu não julgaria tal pessoa. Jamais passei por algo semelhante ao que eles sofreram. Alguns diretores espirituais chegam a aconselhar as pessoas que estão profundamente machucadas a "rezar sua raiva a Deus".

A Coragem da Fé

A fé dá coragem e uma fé forte dá muita coragem. Recentemente, fiquei profundamente comovido com a tragédia de uma família, na qual a maior parte dos membros morreu por obra daquilo que deve ser chamado de "assassinatos diabolicamente motivados". Contaram-me que, na hora do enterro, o pai, único sobrevivente, disse: "Devemos continuar com fé. A vida deve continuar". Eu ouvi outras pessoas expressando sentimentos semelhantes em suas vidas. Uma senhora conhecida minha que encontrou o corpo de seu filho jovem, morto em uma brincadeira de jovens, disse-me: "Uma vez, eu li em um livro que, se você visse todas as cruzes do mundo empilhadas, você tomaria aquela que você já tem. Eu nunca tomaria essa cruz. Preferiria morrer eu mesma. Mas já que ela me foi dada para carregar, vou carregá-la". E assim ela fez. Esta é a coragem nascida da fé.

Precisamos entender que coragem inclui três coisas distintas. Primeiro, existe uma qualidade ou virtude natural que algumas pessoas têm, em maior quantidade do que outras, que se chama coragem. A coragem natural é a capacidade de enfrentar o perigo (valor) ou suportar uma adversidade e continuar a fazer o bem por um longo período de tempo (perseverança). Depois, há a coragem sobrenatural, que nos permite enfrentar os perigos ou fazer coisas difíceis pelo amor do Reino de Deus. Ao passo que a coragem natural serve para se levar uma vida boa e decente na terra, a coragem sobrenatural aponta para a eternidade. Ambos os tipos de coragem podem facilmente existir ao mesmo tempo e ser observadas na mesma situação.

E em terceiro lugar há o dom da coragem, também chamado fortaleza, que é algo diferente. Ele foi reconhecido pelos místicos e teólogos, no decurso do tempo, como um dom especial do Espírito Santo. Esse dom "pode carregar-nos em asas de águia" e dar-nos habilidade para fazer o que nós jamais faríamos sozinhos, suportar o insuportável, enfrentar o incompreensível, ir além de toda resistência normal.

Esse é um dom de Deus diretamente, algo que uma pessoa não pode de modo algum adquirir por si mesma. Pode acontecer que, no meio de uma terrível catástrofe ou horror, uma pessoa que reza humildemente, mas em desespero pelo dom da fortaleza, possa surpreender todo o mundo e ser capaz de resistir corajosamente.

Exemplo maravilhoso desse dom nos é dado na ópera *O Diálogo das Carmelitas*, de Francis Poulenc. Nessa ópera, um convento de Irmãs Carmelitas de clausura na França fica sabendo que serão presas e guilhotinadas na praça da cidade no dia seguinte. É o reino do terror. A priora, não querendo impor a morte a nenhuma das irmãs, diz-lhes que uma das portas do convento ficaria aberta de noite e que se alguma quisesse sair, poderia sair. Na manhã seguinte, uma das irmãs, a Irmã Branca, pessoa enjoada e acanhada, tinha saído. Na última cena da opera, as irmãs sobem ao estrado da guilhotina e uma por uma caminha para a morte, no fundo do palco, na escuridão. Ao se aproximarem da morte, repetidamente, cantam as primeiras palavras do grande hino ao Espírito Santo, escrito pelo Cardeal Stephen Langton, Arcebispo de Cantuária, oitocentos anos antes: "*Veni Sancte Spiritus* (Vinde, Espírito Santo)". Esse belo hino fala dos dons do Espírito Santo que vencem as fraquezas humanas:

> "Ao sujo lavai, ao seco regai, curai o doente.
> Dobrai o que é duro, guiai no escuro, o frio aquecei.
> Dai a vossa Igreja, que espera e deseja, vossos sete dons".[1]

Entre os sete dons do Espírito Santo está a coragem ou fortaleza. Quando a penúltima irmã chega à guilhotina, só a priora está cantando *Veni Sancte Spiritus*. Em um dos grandes momentos da ópera, ela escuta uma outra voz de soprano vinda da multidão embaixo do patíbulo. Ela se volta e vê Irmã Branca saindo do meio da multidão cantando *Veni Sancte Spiritus*. E a cortina desce sobre esse maravilhoso tributo aos dons do Espírito Santo, e a plateia explode em aplausos.

[1] Da Liturgia de Pentecostes.

6

A Meditação da Cruz de Cristo

Muitas pessoas descobriram que, em tempos de grande calamidade ou adversidade, elas foram fortalecidas pela meditação da paixão e morte de Nosso Senhor Jesus Cristo e sobretudo de sua crucifixão. O Cardeal Newman disse que um sentido é dado a tudo na vida pela crucifixão e morte de Jesus Cristo.

> Dez mil coisas vêm diante de nós uma após outra no decurso de nossa vida, e o que vamos pensar delas? Vamos fazer coisas maiores de pouca consequência ou coisas menores de grande consequência? Como vamos olhar para as coisas? Essa é a pergunta que todas as pessoas que refletem fazem a si mesmas e cada uma responde a seu modo. Elas querem pensar segundo uma regra, conforme algo interior a elas, que possa harmonizar e ajustar o que está fora delas. Esta é a necessidade que sentem as mentes que pensam. Porém, deixe-me perguntar: Qual é a chave real, qual é a interpretação cristã do mundo? O que nos foi dado pela revelação para avaliar e medir este mundo? A crucifixão do Filho de Deus.
>
> É a morte do Verbo Eterno de Deus feito carne que é nossa grande lição a respeito de como pensar e como falar deste mundo. Sua Cruz colocou o justo valor em cada coisa que vemos, em todas as fortunas, todas as vantagens, todas as distinções, os juízos, as tentações, os sofrimentos de nossa condição terrestre.
>
> Ela reuniu e tornou consistente tudo o que parecia discordante e sem objetivo. É-nos ensinado como viver,

> como usar este mundo, o que aguardar, o que desejar, o que esperar. Ela é o tom no qual todos os acordes da música deste mundo são finalmente resolvidos.[1]

Embora as pessoas em grande aflição possam sentir-se incapazes de rezar com muita atenção, elas vão achar mais fácil rezar a Cristo Crucificado e meditar em seus sofrimentos, porque sentem uma experiência comum com Ele. É um fato misterioso que a paixão de Cristo continua até o fim do mundo, embora nosso divino Salvador tenha cessado de sofrer na hora nona daquele dia terrível que chamamos Sexta-Feira Santa. Em seu Corpo Místico, a saber, seu abraço amoroso naqueles que creem nele e seu persistente chamado a todos que vão ser salvos, Ele continua a sofrer. Diz um provérbio medieval que tudo passa, mas a cruz está firme em seu lugar.

Uma pessoa que sofreu uma dor imensa deve ler em clima de oração e meditação o relato da Paixão em um dos Evangelhos. Esses relatos começam em Mateus 26, Marcos 14, Lucas 22 e João 11, com os fatos preparatórios. Já demos no capítulo 4 deste livro breves trechos selecionados para a meditação sobre a Paixão. Eu encontro a maior consolação em meditar a Paixão de Cristo narrada por João.

Essas páginas da Escritura possuem um vigor tão imenso que foram imortalizadas por alguns dos maiores músicos da história mundial. As diferentes "Paixões" de Bach, sobretudo a "Paixão segundo Mateus", estão entre as maiores obras-primas imagináveis da música coral. Quem gosta de música, pode ouvir neste tempo a "Paixão segundo Mateus".

---

[1] John Henry Newman, *Parochial and Plain Sermons*, book 6, Sermon 7, 2ª ed. (San Francisco: Ignatius Press, 1997), p. 1239-1245.

Passos na Meditação da Paixão

A primeira coisa a fazer é passar algum tempo contemplando em sua mente uma figura de Cristo condenado, flagelado, crucificado. Procure imaginar realisticamente que você está lá e se pergunte o que a terrível calamidade da Paixão significou para Jesus, sua Mãe e seus seguidores.

Aqui há uma coisa que precisa ser ressaltada. Os fiéis devotos ouviram falar da Paixão e do sofrimento de Cristo tantas vezes que isto quase vem a parecer um drama. Os fatos da Semana Santa refletidos na liturgia parecem dramas predeterminados, que nós todos sabemos que terminarão na Ressurreição gloriosa. Não é com essa ideia que devemos rezar. Devemos voltar atrás e situar-nos muito realisticamente no momento mesmo da Quinta-Feira Santa, quando Cristo começa a sofrer, ou mesmo alguns dias antes, como descreve o Evangelho de São João, quando Cristo reza para que Deus seja glorificado por sua Paixão e a voz vinda do céu fala com Ele. É interessante que é nessa passagem que os gentios, ou não judeus, que representam a maioria dos leitores desse livro, entram em contato com Jesus, que começa a enfrentar sua Paixão.

Deve-se dedicar certo tempo também a trazer a nossa mente a Bem-aventurada Mãe de Cristo. Certamente, como qualquer verdadeira mãe, ela deve ter rezado fervorosamente e com grande aflição para que seu Filho não fosse preso e que sua morte predita por Ele não acontecesse. Ele já tinha dito: "Estamos subindo para Jerusalém, e vai cumprir-se tudo o que foi escrito pelos profetas sobre o Filho do homem. Ele será entregue aos gentios, será escarnecido, insultado e cuspido; e, depois de o açoitarem, eles o matarão; mas no terceiro dia, Ele ressuscitará" (Lc 18,31-33).

No magnífico poema clássico, na página 81 deste livro, o *Stabat Mater*, o autor, Frei Jacopone da Todi, expressou vigorosamente o que deve ser nossa resposta, não só a Cristo, mas também a sua Mãe que estava de pé junto à Cruz.

Passe algum tempo enquanto você lê as narrativas evangélicas da Paixão, perguntando a si próprio como Cristo se sentiu diante de Pilatos, como se sentiu quando foi flagelado e espancado tanto que quase morreu. O que Ele sentiu quando estava carregando o pesado madeiro da cruz a caminho do Calvário? Quais foram seus pensamentos quando estava morrendo de asfixia e perda de sangue na Cruz? Pergunte a si próprio sobre as emoções, os sentimentos, a dor, o abandono que o Filho do homem sentiu nessa horrível catástrofe. Você pode achar que, ao fazer essas indagações, sua própria dor vai entrar dentro de alguma perspectiva próxima à dele. Isto não é dizer que sua dor ou seu horror ficam diminuídos ou que são insignificantes, mas que são semelhantes, e de fato, por causa de sua fé, são parte e parcela do sofrimento e da morte de Cristo.

Nenhum leitor deste livro terá jamais experimentado alguma coisa igual a uma crucifixão física. Mas alguns vivem em grande sofrimento. Alguns sofreram desastres físicos. Outros passaram por traumas terríveis, seja vendo seus caros sofrer grandes dores, seja sentindo como seus entes queridos se angustiam com a dor que eles próprios enfrentam. Muitos leitores deste livro terão sofrido a morte trágica daqueles dos quais eles dependem profundamente ou daqueles cuja morte, por causa de sua tenra idade ou da função que exerciam na vida de outros, é uma verdadeira tragédia. Haverá leitores deste livro que foram humilhados pela culpa de outros ou talvez por sua própria culpa. Haverá leitores deste livro que provocaram sobre si mesmos alguma catástrofe que vai marcar o resto de suas vidas. Mesmo estes, embora possa parecer de muitos modos que causaram suas próprias dificuldades, podem achar algum consolo na crucifixão de Cristo. Se Jesus tivesse escolhido ficar em silêncio ou ser mais diplomático em seus encontros com os inimigos e com os romanos, Ele não estaria diante de Pilatos naquele dia. Os que foram injustamente condenados, e mesmo aqueles que com razão foram declarados culpados, vão achar algum lugar onde eles possam identificar-se com Jesus Cristo.

Alguns leitores deste livro estarão morrendo com uma doença terminal; eles precisam saber que Jesus enfrenta a morte com eles. E na rara circunstância em que algum condenado à morte, "no corredor da morte" como dizem, ler este livro, ele vai saber que Jesus Cristo esteve aí antes dele. É importante rezar calmamente e deixar que os sofrimentos de Jesus mergulhem profundamente em sua alma e unir algum aspecto da Paixão com seus próprios sofrimentos e dores. Se seu sofrimento é grande ou pequeno, se a catástrofe é algo que vai passar ou um horror de efeitos permanentes, cada um de nós pode acalmar-se e dizer a Jesus: "Muito obrigado por estares aqui comigo".

O Filho de Deus, o Verbo Eterno de Deus, é uma Pessoa divina que, no dizer de São Paulo, "não reivindicou seu direito de ser tratado como igual a Deus. Ao contrário, aniquilou-se a si mesmo e assumiu a condição de servo" (Fl 2,6-7). É essa a Pessoa com quem falamos. Penso que se pudéssemos penetrar profundamente na compreensão e na meditação da Paixão de Cristo, até mesmo os piores sofrimentos e calamidades encontrariam algum raio de luz, alguma esperança, no meio disso tudo.

Precisamos dizer uma palavra a respeito dos que estão lendo este livro conscientes de que estão morrendo. Os estudos médicos sugerem que a vasta maioria dos doentes terminais sabem que estão morrendo, mas ninguém conversa com eles sobre isso. Assim eles ficam isolados com o que pode ser um pensamento terrível: deixar este mundo. É sempre melhor falar sobre a experiência de morrer se você está morrendo. Do contrário, você se sente isolado. Mas seja qual for o caso, toda pessoa que vai morrer pode falar com Cristo que esteve morrendo durante um período de várias horas de dor incrível, humilhação e sofrimento. Desde a hora em que Cristo foi preso até a hora de sua morte, passaram-se aproximadamente dezoito horas, conforme a melhor avaliação de acordo com as Escrituras. Dezoito horas para um moribundo pode ser um período muito longo, sobretudo quando ele sofre gradativamente um crescendo de horrível crueldade e degradação. Cristo não morreu consolando amigos em torno dele. Ele não morreu em um leito, atendido por enfermeiros. Morreu como um criminoso comum, tendo enfrentado um horrível julgamento. Devemos então ver Cristo em sua total agonia e Paixão. Devemos contemplar as dores de Maria. Devemos estar lá com João e também com os outros apóstolos em sua humilhação e horror da fuga. Podemos também até incluir o desespero e a loucura de Judas Iscariotes e a dor das santas mulheres que estiveram ao pé da Cruz no Calvário.

Todo o acontecimento da Paixão de Cristo e de sua morte é algo em que o homem de hoje não escolhe pensar. Anos atrás, a liturgia da Sexta-feira Santa apresentava a severidade desse fato. A liturgia contemporânea, respondendo à sensibilidade maior do povo diante do sofrimento, celebra, de certo modo, o triunfo de Jesus. Pessoalmente, chego a pensar que a atual liturgia da Sexta-feira Santa ficou enfraquecida. Ela nada faz para me preparar para as cruzes da vida. A realidade severa da antiga liturgia da Paixão é algo que espero ver restaurado. Finalmente, existe o fim. A maioria das pessoas que sofrem amargamente não consegue imaginar o fim de seus sofrimentos. É algo que está além delas. Não podem imaginar que aquilo vai acabar. Os que estão para morrer de uma dolorosa doença terminal não estão inclinados a pensar no que vem depois quando enfrentam dores extremas. Uma pessoa que sofre por causa de um ente querido, portador de deficiência permanente e humilhado, não prevê facilmente coisas boas que possam acontecer. Para todos nós, o clarão da vida eternal brilha para além das trevas da morte. Como diz o Prefácio da Missa dos Fiéis Falecidos: "Desfeito nosso corpo mortal, é-nos dado, nos céus, um corpo imperecível. A vida não é tirada, mas transformada". A pessoa que está vivendo a realidade mais escura pode não ser inclinada a pensar na Ressurreição. De fato, até mesmo mencioná-la diante dela pode ser importuno. E, no entanto, lá está ela. A maior coisa a respeito da Ressurreição é seu mistério e o fato de que Cristo não apareceu triunfante para seus inimigos nem se mostrou no Templo. Ao invés, Ele foi confundido com um jardineiro por Maria Madalena. Apareceu ao longo do caminho de Emaús a dois discípulos. Dizem que Ele foi visto por quinhentas pessoas em uma ocasião, mas não temos a descrição desse fato. As glórias do céu são inconcebíveis para os seres humanos. Muito poucos experimentaram alguma vez algo revelador de seu destino eterno. Uma pessoa em grande aflição pode encontrar algum consolo ao ler os relatos da vida eterna simbolicamente apresentados no livro do Apocalipse, capítulos 21 e 22. Leio com muita frequência esses capítulos, porque é para lá que estou indo e espero a vinda do Senhor.

No meio da dor, do sofrimento, da catástrofe ou do horror, o cristão deve estar aguardando a vinda do Senhor. Uma mulher protestante devota, Júlia Ward Howe, durante os dias mais sombrios da guerra civil, escreveu o belo "Hino da Batalha da República" a respeito da vinda do Senhor. Em um dos versos ela escreve:

> "Eu vi suas fogueiras de guarda de uma centena de campos circundantes. Eles lhe construíram um altar no orvalho e na névoa da noite. Eu li seus justos apelos pelas opacas e tremeluzentes lâmpadas".

Esse maravilhoso hino é um lembrete nas trevas de que Deus estará vindo.

Embora uma pessoa envolta no sofrimento possa não estar preparada para pensar muito sobre as realidades divinas no além, não obstante, nenhuma meditação da Paixão deveria terminar simplesmente na morte de Cristo na Cruz, porque, como os anjos disseram às mulheres na Páscoa: "Por que buscais entre os mortos Aquele que está vivo? Ele não está aqui, ressuscitou" (Lc 24,5-6).

7

Passado o Horror

Bem pouca atenção parece ser dada pelos escritores às consequências do horror; ao que fazem as pessoas que sobrevivem e continuam sua vida, e como elas lidam com a memória dos fatos terríveis que sofreram. Os esforços mais valiosos foram empreendidos nos últimos anos por psicólogos que estudaram o chamado estresse pós-traumático. Falando a certo número de pessoas que tinham passado por situações terríveis, algumas das quais com duração de quatro anos em campos de concentração, cheguei à conclusão de que é extremamente importante para os sobreviventes integrar as experiências em suas vidas. Elas não podem simplesmente negar que aquilo aconteceu. Podem, se quiserem, evitar falar disso a outras pessoas para não reviver os acontecimentos, mas de um modo ou de outro devem começar a integrar essa experiência, embora pareça impossível, em suas vidas. Conversar com cuidado com um bom conselheiro ou um amigo compassivo e inteligente pode ajudar, naturalmente.

Eu me lembro do Bispo James Walsh, de Maryknoll, que sobreviveu a vinte anos de prisão pelo "crime" de ser missionário. Sua última etapa foi em uma prisão comunista chinesa, onde todo dia alguém era fuzilado ao meio-dia. As vítimas eram escolhidas aparentemente ao acaso. A cada dia, você estava diante da possibilidade de morrer. Ele ficou na mesma cela mais de dez anos. Obviamente, seu nome não estava na lista. Para meu espanto, quando lhe perguntei com que se parecia a prisão, ele disse com muita calma e modéstia: "Era como um retiro". Então, perguntei-lhe como ele era tratado, e ele respondeu: "Não mal, considerando que eu era um prisioneiro de guerra".

Ele ficou sem poder celebrar a Missa por mais de uma década, mas ele tinha escrito as palavras da Missa entre as linhas dos jornais que lhe eram dados para sua toalete. Oferecia espiritualmente a Missa todo dia sem poder receber a Eucaristia. Ele sorriu e disse que havia concelebrado diariamente com todos os sacerdotes do mundo inteiro. O que é bem interessante é que o Bispo Walsh recusou-se a criticar seus perseguidores, o governo comunista chinês. Quando lhe perguntavam a esse respeito, ele dizia que era preciso entender o modo como foi tratado o povo chinês pelas potências europeias durante a primeira parte do século XX, se quisermos entender o que houve de errado na China. Aconteceu que o Bispo Walsh foi a primeira pessoa que o governo comunista chinês libertou da prisão.

Como eu disse, conheci também certo número de sacerdotes que foram prisioneiros dos nazistas. Embora de modo algum minimizassem ou negassem os horrores que tinham visto, eles muitas vezes escolhiam episódios bem-humorados para contar, acontecidos com eles durante seu longo cativeiro, sobretudo algum em que eles tinham conseguido enganar os guardas. O humor não desapareceu, a despeito daquele horror e, quando eles foram refazer sua vida na liberdade dos Estados Unidos, eles eram tudo, menos gente deprimida. No decorrer deste livro, mencionei várias pessoas que sobreviveram ao horror ou à catástrofe. O exemplo seguinte de sobrevivência, mediante um compromisso criativo com a memória do horror, é algo que penso ser útil aos que agora vivem com a lembrança de uma catástrofe.

Recentemente, visitando amigos, vi a foto de um menino de uns três anos sorrindo para nós todos. Perguntei à senhora quem ele era, e ela me disse que era seu filho, morto vinte anos atrás em um trágico acidente. Ela continuou dizendo como ele era importante na vida dela, como ela chegou a perceber que não o havia perdido, que ele estava vivo e ainda estava com ela, na vida dela. Naturalmente, ela acreditava na vida futura, e eu não achei conveniente fazer-lhe mais perguntas. Essa criança, agora na eternidade e ainda na lembrança dela, participava de sua vida, zelava por ela, intercedia por ela junto de Deus. Para ela, o menino estava ainda muito vivo. Essa mãe, enquanto eu saiba, não é membro de nenhuma denominação religiosa, mas claramente tem fé em Deus e está aberta aos valores religiosos, inclusive a fé na vida futura.

Infelizmente, psicólogos e terapeutas que ouvem uma história assim provavelmente vão dizer que é simplesmente uma forma comovente de negar. Mas como Dag Hammarskjöld observou em seu livro *Markings*, "Meu amigo psicólogo não entendeu nada".[1] Um ponto de vista muito racionalista e mecanicista não ajuda muito quando você está defronte da catástrofe absoluta. Por outro lado, é bem possível que as pessoas vão negar. Alguns podem até refugiar-se em formas mentalmente perturbadas de negação. Por outro lado, os que passaram por perdas trágicas, eu inclusive, sabem que quando estamos nos recuperando, há muitas vezes sinais inexplicáveis indicando que a pessoa falecida está realmente presente. Isso aconteceu claramente comigo em mais de uma ocasião, e analisei a experiência do ponto de vista psicológico. Em alguns casos, o fato excede completamente toda explicação científica ou racional. Alguém poderia dizer: "O desejo é pai do pensamento"; e que uma pessoa em uma situação horrível vai buscar desesperadamente algum alívio e consolo em uma ilusão.

Se você leu este livro até aqui, eu lhe digo: Tome cuidado e seja realista. Mas, por outro lado, fique aberto à possibilidade de que Deus, em sua infinita misericórdia, pode permitir-nos

---

[1] Dag Hammarskjöld, *Markings*, trad. Leif Sjoberg e W. H. Auden, (New York: Knopf, 1964).

estar misteriosamente com um ente querido morto ou sermos consolados nas maiores tragédias. A raça humana não sobreviveria sem esperança. Rejeito a afirmação genérica de que as experiências de sentido ou mesmo de bênçãos que vêm aos que experimentaram o horror sejam uma forma de autoengano defensivo. Não é apenas a fé religiosa que pode ser o produto de necessidade subjetiva, mas a negação da fé religiosa pode igualmente ser subjetiva. A maioria dos descrentes que conheço tem motivos muito fortes para sua descrença, muitas vezes, por causa de experiências negativas do passado.

Ocasionalmente, pessoas que não tiveram nenhuma formação religiosa, nem fé na vida depois da morte, partilharam comigo que, na morte de parentes, ficaram convencidas do que elas chamam de pós-vida, isto é, a eternidade. É claro que elas não têm ideias precisas da eternidade como as tem quem pertence a uma fé religiosa. Elas certamente não terão ideias claras como os cristãos. A Igreja Católica não tem sido reticente quanto a mostrar aos fiéis como é a vida eterna, baseada nas palavras da Escritura, especialmente no Novo Testamento. Uma pessoa sem formação religiosa vai achar incômodo expressar suas esperanças e crenças na sobrevivência pessoal de seus entes queridos – mas pode, não obstante, acreditar fortemente nela. Quando a catástrofe não está relacionada com a morte, as pessoas envolvidas poderão seguir em frente com esperança e, às vezes, até melhorando as coisas. Se você visitar hoje, sessenta anos mais tarde, as grandes cidades do mundo que foram transformadas em cinzas e ruínas no fim da Segunda Guerra Mundial, você verá a prova do impulso universal entre os seres humanos para consertar o que está estragado, restaurar o que foi destruído, vencer o mal com o bem. Esse impulso está situado no coração humano do próprio Deus.

Nós que cremos na Providência Divina, na vida após a morte, na salvação e na ressurreição; nós, dentre todas as pessoas, quando confrontadas com a catástrofe, devemos prosseguir com coragem, fé e esperança. Devemos fazer diferentes as coisas. Não devemos ficar fixos na dor do passado, mas passar a fazer o bem e melhorar as coisas no futuro. A ferida do sofrimento estará sempre lá. Não precisamos de que ela desapareça. Queremos que a ferida sare e cicatrize. Podemos trabalhar enquanto a cicatriz existe.

A crença na imortalidade da alma humana, na sobrevivência da pessoa após a morte, é uma das mais importantes expressões da esperança humana. Ao encerrarmos esta consideração da catástrofe e do horror, devemos reconhecer que a esperança nos é dada especialmente por Cristo no Novo Testamento. Ele inspira essa esperança por meio de suas palavras e ações em relação aos mortos, especialmente Lázaro, o filho da viúva de Naim e a menina que Ele trouxe de volta do meio dos mortos. O sentido de Cristo é mais vigorosamente proclamado por sua própria Ressurreição. "Eu sei que meu Redentor vive." Essas palavras do livro de Jó (19,25) são extremamente importantes para mantermos em nossa mente se enfrentarmos uma catástrofe. Seja que ela inclua a morte ou não, seguremos firmemente nossa crença de que após esta vida terrena, que traz sofrimento para todos, seremos chamados para a vida eterna, onde não haverá mais nem luto, nem choro, nem dor, porque tudo isso passou. Veremos um novo céu e uma nova terra, e as visões maravilhosas descritas no fim do Livro do Apocalipse (capítulos 21 e 22) serão nossa sorte real, nosso destino. Como as pessoas vivem sem religião é algo que ultrapassa minha compreensão. Mas a fé deve ser profunda e deve motivar a pessoa na vida diária. Mesmo alguém que não foi formado na fé e está dando seus difíceis passos iniciais em direção à confiança em Deus no meio de uma catástrofe – mesmo esta pessoa pode ter fé e esperança. Aqueles dentre nós que foram agraciados por Deus, sem mérito algum de nossa parte, com a fé cristã, com a crença vibrante na Ressurreição de Cristo e nossa esperança eterna – aqueles dentre nós que têm esta bênção devem ser as melhores testemunhas para os outros que lutam com a dor, o sofrimento e o infortúnio.

Orações e Meditações

Orações em Tempos de Dor e Sofrimento

Se você é uma pessoa que sofreu o horror ou a catástrofe, posso encorajá-lo a ler e rezar a seleção de orações dada aqui, sobretudo o “Hino ao Espírito Santo”? As citações e orações que estão aqui vão lhe dar muito sobre o que pensar. Escrevi as treze orações referentes a necessidades especiais para expressar o que a pessoa pode sentir em tais circunstâncias.

Se você é uma pessoa que não passou por horror ou catástrofe, mas está ajudando alguém nessas condições, ou está se preparando para uma eventual catástrofe em sua própria vida e quer enfrentar essa realidade, que pode acontecer a qualquer hora, será bom você ler e meditar essa seleção de orações e citações bíblicas. Não se trata apenas de ler. É preciso rezá-las e lê-las devagar, repetidamente.

Há uma diferença entre sofrimento e catástrofe. Tentei expressá-la neste livro. Toda catástrofe ou horror é sofrimento. Mas nem todo sofrimento, nem toda catástrofe é a mesma coisa. Penso que as meditações sobre os sofrimentos de Cristo, contidas na seção de orações que começa agora, vão ajudar você a enfrentar as catástrofes que podem surgir no caminho de qualquer um de nós. Elas podem ajudá-lo a ser um amigo compassivo e prestativo para seus entes queridos que enfrentam essa adversidade na vida.

Oração em Tempo de Necessidade Extrema

Pai Celeste, sabemos que providenciaste para nós todas as coisas boas que temos em nossas vidas. Tua providência abrange o mundo inteiro e o número imenso de seus habitantes. Eu me encontro hoje em necessidade extrema. E teu Filho nos disse: "Pedi e recebereis, procurai e achareis, batei e vos será aberta a porta". Eu não conheço nem entendo o presente, muito menos o futuro. Devo colocar esta necessidade inteiramente em tuas mãos. Sei o que eu penso necessitar. Sei o que eu penso que vai ser a resposta. Mas tu, em tua providência divina, em tua mente onisciente, sabes qual deve ser a resposta em última análise. Confio em ti. Em meu desespero, peço-te que me dês o teu Espírito Santo, para que eu continue confiando em ti, para que eu vá em frente, para que eu dê o próximo passo na direção certa. Com a tua graça, vou suportar o que devo suportar. Vou crer e esperar por meio disso tudo o que vais trazer o bem para mim, para meus entes queridos e para teu plano de salvação para o mundo. Confio em ti. Dá-me a graça de continuar confiando. Amém.

Oração a Deus Pai em Tempo de Catástrofe

Pai Celeste, sabemos que criaste a vida para ser uma bênção para todos nós, para ser uma preparação para uma vida ainda maior, vida eterna, que nos prometeste. Mas agora eu me encontro no abismo mais escuro. Uma incrível catástrofe aconteceu comigo e com meus entes queridos. Estou completamente confuso pelo que aconteceu, e isto poderia abalar minha fé e minha esperança.

Pai querido, manda-me teu Espírito Santo para me fortalecer neste tempo de grandes trevas. Ajuda-me a ver as possibilidades de uma restauração da alegria neste sofrimento terrível. Põe diante de meus olhos os sofrimentos de Cristo e sua gloriosa Ressurreição. Queria perguntar-te por que deixaste acontecer isto, mas isto é um mistério, e perguntar só pode levar à amargura. Ajuda-me, Pai Santo, pelo teu Espírito Santo, a dizer das profundezas de meu coração que eu confio que darás a mim e a meus entes queridos graça e coragem: passado esse sofrimento, vais restituir-nos a vida, vais dar-nos esperança agora e na vida eterna. Coloco-me completamente nas mãos de Jesus Crucificado e Ressuscitado. Suas mãos ainda trazem as marcas dos cravos. Ajuda-me, então, a superar essa dificuldade. Ajuda a todos nós para voltarmos a uma vida em que tua providência e tua presença se possam ver mais facilmente, vo-lo pedimos por Cristo, nosso Senhor. Amém.

Oração a Jesus em Tempo de Catástrofe

Senhor Jesus Cristo, sabemos que em tua vida terrestre suportaste os piores sofrimentos. Tendo feito somente o bem em tua inocente e santa vida, foste condenado a uma morte terrível. Sofreste a torturante dor de ver tua Mãe e teus amigos passarem por aquele horror junto contigo. Suportaste, ao mesmo tempo, a covardia e a traição de teus apóstolos. Estou procurando desesperadamente em minha necessidade presente encontrar algo em que me apoiar, algo em que me agarrar, e encontro a tua Cruz. Ó Senhor Jesus Cristo, pela graça do Espírito Santo, que nos mandaste, dá-me a Cruz que me sirva de apoio. Dá a Cruz como minha guia e também minha luz nestas trevas. Não sei qual será a solução. Não sei qual será a resposta, mas creio e confio que me guiarás nestas trevas e que, livre delas, me trarás bênçãos e esperança. Amém.

Oração de um Doente em Estado Grave

Pai Celeste, deste-me minha vida, com todas as suas horas, dias e anos. Tu me deste bastante saúde para prosseguir, mesmo se, às vezes, fiquei doente e incapacitado. Agora me encontro em uma situação perigosa. Minha saúde pode fraquejar. Com efeito, pode ser que minha vida esteja chegando ao fim. Mais cedo ou mais tarde ela cessará. Dá-me teu Espírito Santo para me fortalecer e, sobretudo, para manter diante de meus olhos a realidade de que todos estamos em uma caminhada, que a saúde física é uma coisa passageira, uma grande bênção quando a possuímos, mas que não deve durar. De fato, não pode durar para sempre. Dá-me a graça para o dia seguinte, a hora seguinte e ajuda-me, mesmo no meio da dor e do sofrimento, a acreditar em tua providência e em teu cuidado. E assim serei capaz de te encontrar em meus sofrimentos como teu Filho divino te encontrou em seus sofrimentos. Peço isto por Cristo, nosso Senhor. Amém.

Oração a Jesus em uma Doença Grave

Ó Cristo, meu Salvador, no final de tua vida física, teu corpo estava dilacerado. Experimentaste tortura e sofrimento extremos. Nesta fase de minha vida, estou em grande sofrimento e estou apavorado com o que vem pela frente. Eu me volto para ti, como estavas no Jardim das Oliveiras rezando e agonizando. Eu me volto para ti na Cruz quando estavas morrendo e te peço que, se for esta a vontade divina, que eu volte para meus deveres e minha vida. E se não for, peço-te que venhas comigo para me dar paz enquanto passo desta vida para a outra, para uma vida onde não há mais luto, nem choro, nem sofrimento. Confio em ti. Bom Pastor, chamei por ti em toda a minha vida. Agora, estende teus braços e coloca-me neles. É o que te peço, ó Cristo, nosso Senhor. Amém.

Oração a Nossa Senhora em uma Doença Grave

Virgem Mãe de nosso Redentor, foste dada a nós no Calvário para ser nossa Mãe. Através dos séculos, inúmeras pessoas te invocaram em casos de doença e necessidade. Tu mesma suportaste grande sofrimento durante a vida de teu Filho e, sobretudo, quando a vida dele estava consumindo-se como uma chama acesa. Tu confiaste e viste a Ressurreição. Venho a ti, ó Virgem Maria, em minha doença e rezo por todos os que estão doentes hoje em todo o mundo. Rezo especialmente por aqueles que não sabem a quem recorrer e que não têm esperança. Sou grato por poder dirigir-me a teu Filho e a ti para intercederes por mim e segurares minha mão enquanto atravesso esse período doloroso. Se for da vontade de Deus, que eu recupere a saúde e continue minha vida. Mas se este deve ser o fim, ajuda-me a vivê-lo na graça, rumo a um belo recomeço, que Cristo nos prometeu. Eis o que te peço, ó Virgem Maria, a ti e a teu Filho, Cristo, nosso Senhor. Amém.

Oração a São José pelos gravemente Doentes

Ó São José, conhecemos pouco de tua vida, mas sabemos que eras um homem justo e que cuidaste daquela Sagrada Família confiada a teus cuidados. Através dos tempos, os cristãos te invocaram para te pedir uma boa morte. Certamente Jesus e Maria estavam contigo em tuas últimas horas. Eu te peço, São José, nesta grave doença de minha vida, dá-me coragem e força e roga por mim para que eu obtenha essa graça. E se for esta a hora em que devo deixar este mundo, eu te peço que venhas em meu auxílio e me acompanhes junto com Jesus e Maria enquanto eu faço a breve passagem desta vida para a outra. Sei que devo ser purificado de meus pecados e falhas, mas confio plenamente que Deus terá misericórdia de mim e que, junto com Maria, rogarás por mim e me acompanhareis ao atravessar as portas que, deste lado, parecem portas de morte, mas do outro lado, são as portas da vida eterna. Amém.

Oração
em Tempo de Desastre Natural

Pai celeste, tenho vivido em teu mundo e gozado de suas maravilhas. Eu me encanto com a beleza do que criaste – o céu, a terra, o mar. Tenho apreciado a mudança das estações, as manhãs e as tardes. E agora tenho a impressão de que o mundo físico se voltou contra mim. Eu me sinto esmagado pelo poder destruidor existente no vento e no mar, na chuva e na própria terra. Tua providência permite que eu sofra esse cataclismo terrestre, que eu sofra a perda de muitas coisas, talvez até algum ente querido nesta estranha tempestade da natureza. Sinto-me traído pela própria terra onde moro, pelo vento, mar e tempestades. Mas eu peço que o teu Espírito Santo me dê coragem para prosseguir, para juntar os cacos e recomeçar. Foi por algum motivo que me permitiste ter parte neste cataclismo, neste desastre. Agora, que eu possa, com a força e a coragem dadas pelo próprio Cristo por meio do Espírito Santo, restabelecer as coisas como eram e melhor ainda do que eram antes. Dá-me a graça de não perder a coragem, mas de ir adiante. E, enquanto meu lar terreno pode estar em ruínas, que eu sempre me lembre de que Cristo preparou para nós um lar celeste, que nada nos arrebatará. Amém.

Oração na Morte de um Ente Querido

Senhor Jesus Cristo, venho a ti para chorar a morte de alguém muito caro para mim. Como seria terrível e definitiva para mim esta morte, se não tivesse esperança! Mas tu me deste esperança e prometeste que virás para nos levar para onde estás. Tu nos pedes que nosso coração não se perturbe nem se encha de medo e nos prometeste a casa de teu Pai. Em meu desespero, em meu sofrimento, em minha dor extrema, volto-me agora para esta promessa. Não tenho outro apoio para me sustentar. Como sou grato por ter fé e esperança baseadas em tuas santas palavras, e confio que me guiarás através desse vale escuro, para que, de novo, eu possa encontrar em teu Reino aqueles que me são caros. É o que te peço, ó Cristo, nosso Senhor. Amém.

Oração em Tempo de Suicídio

Senhor Jesus Cristo, não tenho outro lugar aonde ir, senão me ajoelhar aos pés da Cruz. A morte de alguém tão querido para mim desta maneira terrível me deixa completamente confuso e desorientado. É tão penoso! Sou assediado pelo pensamento de que eu poderia ter feito alguma coisa, que eu poderia ter evitado esse terrível desastre. Mas não sei. Devo confiar a ti meu ente querido. Não há outro lugar aonde ir. Coloco em tuas mãos meu ente querido, que agora me foi tirado pela fraqueza da mente humana, pela incapacidade de enfrentar as dificuldades da vida, pelas feridas da doença mental. Confio inteiramente em ti, que hei de ver de novo aqueles que morreram desta forma. Confio que, pelo teu precioso sangue e pela tua divina misericórdia, nos últimos instantes da vida, tu os recebes, entendendo que eles foram derrotados pela vida, e que, de nenhum modo, quiseram ir contra a tua vontade e tua lei. Ajuda-nos, Senhor, a encontrar-vos nestas trevas e a crer em tua Cruz. Amém.

Oração em Tempo de Assassínio

Ó Senhor Jesus Cristo, crucificado e morto como o homem mais inocente que jamais viveu sobre a terra, venho a ti nesta hora do incrível e impensável assassínio de uma pessoa a mim muito querida, que não merecia ser vítima de tão horrível crime. Ó Senhor, ajuda-me a enfrentar o que aconteceu, embora eu talvez nunca o compreenda. Se eu não acreditasse que esperas por nós no outro lado da morte, eu talvez não teria forças para continuar. Mas eu creio que tu, que também foste assassinado, és misteriosamente o patrono dos que são mortos injustamente. És aquele que os conduz por tua santa Cruz. Nunca pensei em ti antes com esse título, patrono dos injustamente mortos, mas é isto que tu és. Através dos séculos, teus mártires na hora da morte confiaram em ti, e os milhões de seres humanos mortos de tantos modos perversos voltaram-se para ti em busca de esperança em seus últimos momentos. Confio a ti meu ente querido. Todos nós sabemos, ó Senhor, que esta vida é cheia de injustiça, de maldade que vem do Maligno e da malícia da vontade humana extraviada. No meio de todas essas trevas, dessas impenetráveis trevas, volto-me para ti com esperança. Dá-me a graça de seguir em frente. Dá-me a graça de crer. Dá-me a graça de viver a vida de novo, de modo que eu possa preparar-me, no final, para encontrar meus entes queridos em ti. Eis o que te peço, ó Cristo, nosso Senhor. Amém.

Oração em Tempo de Traição

Ó Senhor Jesus Cristo, em tua vida enfrentaste a traição e também a ausência de teus apóstolos que te deixaram só, na hora da precisão. Sabias que eles te abandonariam e sabias também que eles voltariam, e rezaste por eles para eles nos sustentarem em nossa fé depois de sua volta.

Senhor, neste tempo me sinto traído e abandonado. Recorro a ti em busca de consolo e esperança e da vontade de seguir em frente. Envia-me teu Espírito Santo, para me recordar que tempos melhores virão e que serei capaz de entender a fraqueza humana daqueles que frustraram minha confiança. Ajuda-me, Senhor, para lhes perdoar como perdoaste aos apóstolos e a todos que te ofendem. Que venham a meu coração as palavras: "Pai, perdoa-lhes, porque não sabem o que fazem". Amém.

Oração para Quem caiu em Pecado

Ó Senhor Jesus Cristo, como os apóstolos e Judas, eu pequei contra ti, pequei gravemente contra ti. Sinto vergonha, humilhação, fui derrotado por minha fraqueza e incapacidade de seguir teu plano divino apresentado no Evangelho. Talvez seja por causa de minha negligência e falta de preocupação de seguir-te fielmente em minha vida. Assiste-me, ó Senhor, eu te peço, nesta hora de trevas. Ajuda-me a aprender com minhas próprias quedas, a pagar o preço que a justiça exige e voltar calma e pacificamente a uma vida de discípulo que pode permanecer não reconhecida pelos outros. Eis o que te peço, ó Cristo, meu Senhor. Amém.

Stabat Mater

Estava a Mãe dolorosa,
junto da cruz, lacrimosa,
enquanto Jesus sofria.

Uma longa e fria espada,
nessa hora atribulada,
o seu coração feria.

Oh, quão triste e quão aflita,
padecia a Mãe bendita,
entre blasfêmias e pragas,
ao ver o Filho amado,
de pés e braços pregado,
sangrando das cinco chagas!

Quem é que não choraria,
ao ver a Virgem Maria,
rasgada em seu coração,
sem poder em tal momento
conter as fúrias do vento
e os ódios da multidão?

Firme e heroica em seu posto,
viu Jesus pendendo o rosto,
soltar o alento final.

Ó Cristo, por vossa Mãe,
que é nossa Mãe também,
dai-nos a palma imortal.

Maria, fonte de amor,
fazei que, em vossa dor,
convosco, eu chore também.

Fazei que meu coração
seja todo gratidão
a Cristo de quem sois Mãe.

De vosso olhar vem a luz
que me leva a ver Jesus
em sua imensa agonia.

Convosco, ó Virgem, partilho
das penas de vosso Filho,
em quem minha alma confia.

Mãos postas, a vossa beira,
saiba eu, a vida inteira,
guiar por vós meus passos.
E quando a noite vier,
eu me sinta adormecer
no calor de vossos braços.

Virgem das Virgens, Rainha,
Mãe de Deus, Senhora minha,
chorar convosco é rezar.
Cada lágrima chorada
lembra uma estrela tombada
do fundo de vosso olhar.

No Calvário, entre martírios,
fostes o Lírio dos lírios,
todo orvalhado de pranto.

Sobre o ódio que o matava,
fostes o amor que adorava
o Filho três vezes Santo.

A cruz do Senhor me guarde,
de manhã até à tarde,
minha alma contrita.

E quando a morte chegar,
que eu possa ir repousar
a sua sombra bendita.

V.: Rogai por nós, Virgem dolorosa.
R.: Para que sejamos dignos das promessas de Cristo.

Frei Jacopone Da Todi

Hino ao Espírito Santo

(*Veni Sancte Spiritus*)

Espírito de Deus,
enviai dos céus
um raio de luz!

Vinde, Pai dos pobres,
dai aos corações
vossos sete dons.

Consolo que acalma,
hóspede da alma,
doce alívio, vinde!

No labor descanso,
na aflição remanso,
no calor aragem.

Enchei, luz bendita,
chama que crepita,
o íntimo de nós!

Sem a luz que acode,
nada o homem pode,
nenhum bem há nele.

Ao sujo lavai,
ao seco regai,
curai o doente.

Dobrai o que é duro,
guiai no escuro,
o frio aquecei.
Dai a vossa Igreja,
que espera e deseja,
vossos sete dons.

Dai em prêmio ao forte
uma santa morte,
alegria eterna. Amém.

Cardeal Estevão Langton, Arcebispo de Cantuária
Tradução do Missal em português: Pentecostes

Oração de Reparação pelos que causaram uma Catástrofe

> "Uma noção que não é divulgada, mas que assim mesmo é muito importante, é que Jesus, quando lhe pedimos com confiança, não só repara o mal que fizemos em nós mesmos, mas também o mal que fizemos ao redor de nós."
>
> Pe. João do Coração de Jesus de Elbée[1]

Querido Jesus, do mal que causei a meu redor, peço-te que tires o bem. Ouso até te pedir: tira um bem maior do que haveria se eu não tivesse feito o mal. Peço-te isto humildemente, em minha pequenez, batendo no peito e dizendo minha culpa, com o coração contrito, reconhecendo minha falta. Peço-te isso com imensa confiança, reconhecendo vossa misericórdia e o preço sem limites que pagaste por minha redenção e a redenção de todos os que amo e todos que ofendi. Faze reparação em mim e ao redor de mim. Eu gostaria de fazê-lo, mas não posso. Tu mesmo o farás por causa de minha imensa confiança em vós.

É mais apropriad*a para se rezar em união com o Salmo 51.*

---

[1] Père Jean du Coeur de Jésus d'Elbée, *I Believe in Love:* Retreat Conferences on the Interior Life. Trad. Marilyn Teichert e Madeleine Stebbins (Petersham, Mass., St. Bede's Publications, 1974), p. 93

Oração da Serenidade

Concede-me, Senhor, a serenidade necessária para aceitar as coisas que não posso modificar, coragem para modificar as que eu posso e sabedoria para distinguir umas das outras – vivendo um dia de cada vez, desfrutando um momento de cada vez, aceitando as dificuldades como um caminho para alcançar a paz, considerando o mundo pecador como ele é, e não como eu gostaria que ele fosse, confiando em Deus para endireitar todas as coisas, para que eu possa ser moderadamente feliz nesta vida e sumamente feliz contigo na eternidade. Amém.

Atribuída a
Reinhold Niebuhr

Aprender com Cristo

Ensina-me, meu Senhor, a ser bondoso e gentil em todos os acontecimentos da vida: nas decepções, nas faltas de consideração dos outros, na insinceridade daqueles em quem eu confiava, na infidelidade daqueles em que eu me apoiava. Ajuda-me a me pôr de lado, para pensar na felicidade dos outros, para ocultar minhas pequenas dores e tristezas, de modo que eu seja o único a sofrê-las. Ensina-me a aproveitar do sofrimento que me acontece na caminhada. Ajuda-me a usá-lo de modo que me amadureça e não me torne endurecido e amargurado, que me torne paciente e não irascível, que me faça generoso em meu perdão, não rigoroso, arrogante e dominador. E enquanto eu passo de uma ocupação a outra, que eu murmure uma palavra de amor a ti. Que minha vida seja vivida no sobrenatural, cheia de força para o bem e forte no propósito da santidade.

Oração de uma Alma Confiante

Senhor, eu te ofereço todos os meus pensamentos, palavras e ações deste dia. Preserva-me dos motivos egoísticos. Dá-me sabedoria, coragem e perseverança para escolher tua vontade em vez da minha, em todas as circunstâncias deste dia. Derrama sobre mim a tua graça, para que eu possa revelar tua bondade a todos que eu encontrar, sejam quais forem as circunstâncias. Ensina-me a colocar Deus em primeiro lugar, os outros depois e a mim em último lugar. Ensina-me a ouvir muito e a falar pouco. Que eu sempre aceite tua providência divina como minha mestra e guia, com todas as suas alegrias e sofrimentos. Minhas lágrimas sejam sempre lágrimas de alegria e minhas orações incluam sempre os outros. Que minha obediência seja a medida de minha confiança. Que seja sempre a paz de Cristo a guiar meu coração. Amém.

Citações da Bíblia
para sua meditação

"Não se perturbe vosso coração! Vós credes em Deus, crede em mim também. Na casa de meu Pai há muitas moradas. Se não, eu vos teria dito que vou preparar-vos um lugar? Depois de ter ido e vos ter preparado um lugar, voltarei e vos tomarei comigo, para que, onde eu estiver, vós estejais também. E vós conheceis o caminho do lugar para onde vou." Tomé lhe disse: "Senhor, não sabemos para onde vais; como podemos saber o caminho?" Jesus respondeu-lhe: "Eu sou o caminho, a verdade e a vida. Ninguém chega ao Pai senão por mim. Se me conheceis, conhecereis também a meu Pai; desde agora o conheceis, porque o vistes" (Jo 14,1-7).[1]

Muitas angústias e males me fizestes provar;
tornareis a dar-me vida, e
dos abismos da terra me fareis subir de novo.
Aumentareis minha grandeza
e me consolareis novamente (Sl 71,20-21).

Coragem, meus filhos, gritai a Deus e Ele vos libertará da opressão, do poder de vossos inimigos. Pois eu espero do Eterno vossa salvação. Do Santo me vem alegria, pela misericórdia que em breve vos chegará do Eterno, vosso Salvador. Eu vos vi partir entre gemidos e prantos, mas Deus vos reconduzirá a mim com alegria e júbilo, para sempre (Br 4,21-23).

[1] Traduzido conforme a Nova Vulgata.

Em verdade, em verdade, vos digo: vós chorareis e vos lamentareis, enquanto o mundo se alegrará. Vós estareis na tristeza, mas vossa tristeza se converterá em alegria. A mulher, quando está para dar à luz, se entristece porque é chegada sua hora; mas depois de ter dado à luz a criança, não se lembra mais das dores, pela alegria de ter nascido um ser humano no mundo. Assim, também vós agora estais tristes; mas eu vos verei de novo, e vosso coração se alegrará, e ninguém vos poderá tirar vossa alegria (Jo 16,20-22).

Nisto ouvi uma voz forte, vinda do trono, que dizia: "Esta é a morada de Deus com os homens. Ele habitará com eles; eles serão seu povo, e ele será o Deus-com-eles. Ele enxugará toda lágrima de seus olhos, e não haverá mais morte, nem luto, nem dor, pois o mundo antigo já passou" (Ap 21,3-4).

Felizes os que choram, porque Deus os consolará (Mt 5,4).

E agora, assim diz Javé que te criou... que te modelou...: "Não temas; eu eu te resgatei, eu te chamei pelo nome, tu és meu. Quando atravessares as águas, eu estarei contigo: a correnteza não te afogará; quando passares pelo fogo, não te queimarás, a chama não te abrasará. Pois eu sou Javé, teu Deus, o Santo..., teu salvador. ... Porque vales muito a meus olhos, porque és precioso e eu te amo, dou homens em troca de ti e povos, em lugar de tua vida. Não temas, pois estou contigo" (Is 43,1-4).

"Eu conheço os projetos que fiz a vosso respeito – oráculo de Javé – projetos de paz e não de aflição, para vos conceder um futuro cheio de esperança. Vós me invocareis e vireis rogar-me, e eu vos ouvirei; vós me procurareis e me achareis, porque me procurareis com todo o vosso coração; eu me deixarei encontrar por vós – oráculo de Javé" (Jr 29,11-14).

Por isso estais cheios de alegria, embora seja preciso, por algum tempo ainda, enfrentar várias provações, a fim de que o valor de vossa fé – muito mais preciosa que o ouro perecível, que se comprova pelo fogo – redunde em vosso louvor, glória e honra, quando Jesus Cristo se revelar. Vós o amais, sem o terdes visto; apesar de não o terdes visto ainda, credes nele e exultais com alegria inefável e gloriosa, enquanto alcançais a meta de vossa fé, vossa salvação pessoal (1Pd 1,6-9).

Na conversão e na calma estará vossa salvação; na serenidade e na confiança estará vossa força (Is 30,15).

"Parai e reconhecei que eu sou Deus" (Sl 46,11).

"Vinde a mim, vós todos que estais cansados e oprimidos, e eu vos darei descanso! Tomai sobre vós meu jugo e aprendei comigo, porque sou manso e humilde de coração, e achareis descanso para vossas almas, porque meu jugo é suave e meu peso, leve" (Mt 11,28-30).

Se, portanto, ressuscitastes com Cristo, buscai as coisas do alto, onde Cristo está sentado à direita de Deus. Pensai nas coisas lá de cima, não nas da terra (Cl 3,1-2).

Entrega a Javé teu futuro, espera nele, que Ele vai agir (Sl 37,5).

Tudo posso naquele que me dá força (Fl 4,13).

Sabemos que tudo concorre para o bem dos que amam a Deus (Rm 8,28).

Não te deixes vencer pelo mal, mas vence o mal com o bem (Rm 12,21).

Mas esse tesouro, nós o trazemos em vasos de barro, para que se manifeste que esse extraordinário poder pertence a Deus e não vem de nós. Somos oprimidos de todos os lados, mas não esmagados; angustiados, mas não desesperados; perseguidos, mas não abandonados; abatidos, mas não aniquilados. Trazemos sempre e por toda parte os sofrimentos mortais de Jesus, a fim de que também a vida de Jesus se manifeste em nosso corpo. De fato, embora estejamos vivos, somos constantemente entregues à morte por causa de Jesus, a fim de que também a vida de Jesus se manifeste em nossa carne mortal. Assim, a morte faz sua obra em nós, e a vida em vós.

Mas, possuindo esse mesmo espírito de fé, do qual diz a Escritura: "Acreditei, por isso falei", nós também acreditamos e é por isso que falamos, sabendo bem que Aquele que ressuscitou o Senhor Jesus nos ressuscitará também a nós com Jesus e nos colocará perto dele, junto convosco. Pois tudo isso é para vós, a fim de que uma graça mais abundante, por meio de mais pessoas, faça aumentar a ação de graças para a glória de Deus.

Por isso não desanimemos. Pelo contrário, embora nosso homem exterior caminhe para a ruína, o homem interior se renova dia a dia. Sim, a leve tribulação passageira nos obtém, além de toda medida, um peso eterno de glória. Pois não olhamos para as coisas visíveis, mas para as invisíveis; com efeito, as coisas visíveis duram pouco, e as invisíveis são eternas.

Sabemos, com efeito, que, se esta tenda de nossa morada terrestre vier a ser destruída, temos uma casa que é obra de Deus, uma morada eterna, que não é feita por mão humana e que está nos céus. Por isso nós gememos nessa condição, ardentemente desejando vestir, por cima dessa, nossa habitação celeste, contanto que, embora despojados, não sejamos achados nus. Sim, nós que estamos nesta tenda, gememos angustiados; de fato, não queremos ser despidos, mas sim vestir por cima, a fim de que o que é mortal seja absorvido pela vida. E quem nos fez para esse destino é Deus, que nos deu o penhor do Espírito.

Assim, pois, sempre confiamos plenamente, mesmo sabendo que, enquanto moramos neste corpo, vivemos exilados, longe do Senhor, pois caminhamos na fé e não na clara visão (2Cor 4,7–5,7).

Salmo 51 (*Miserere*)

Tende piedade, ó meu Deus, misericórdia!
Na imensidão de vosso amor, purificai-me!
Lavai-me todo inteiro do pecado
e apagai completamente minha culpa!

Eu reconheço toda a minha iniquidade,
meu pecado está sempre a minha frente.
Foi contra vós, só contra vós, que eu pequei
e pratiquei o que é mau a vossos olhos!
Mostrais assim quanto sois justo na sentença
e quanto é reto o julgamento que fazeis.
Vede, Senhor, que eu nasci na iniquidade
e pecador já minha mãe me concebeu.

Mas vós amais os corações que são sinceros,
na intimidade me ensinais sabedoria.
Aspergi-me e serei puro do pecado,
e mais branco do que a neve ficarei.

Fazei-me ouvir cantos de festa e de alegria,
e exultarão estes meus ossos que esmagastes.
Desviai vosso olhar de meus pecados
e apagai todas as minhas transgressões.

Criai em mim um coração que seja puro,
dai-me de novo um espírito decidido.
Ó Senhor, não me afasteis de vossa face,
nem retireis de mim vosso Santo Espírito!

Dai-me de novo a alegria de ser salvo
e confirmai-me com espírito generoso!
Ensinarei vosso caminho aos pecadores,
e para vós se voltarão os transviados.

Da morte como pena libertai-me,
e minha língua exaltará vossa justiça!
Abri meus lábios, ó Senhor, para cantar,
e minha boca anunciará vosso louvor!

Pois não são de vosso agrado os sacrifícios,
e, se oferto um holocausto, o rejeitais.
Meu sacrifício é minha alma penitente,
não desprezeis um coração arrependido!

(Salmo 51,1-19)

Leituras Complementares

A Agonia no Horto

Gerald Vann, O.P.

A história da humanidade é uma história de amor. É a história de como o ser humano foi feito por Deus e para Deus, e depois se tornou afastado de Deus, mas enfim, após muitas lutas e muito sofrimento, retorna de novo para Deus, para ser feliz novamente no final.

E o clímax dessa história começa em um jardim, no Getsêmani, porque é aí que principiam aqueles fatos que chamamos de Paixão de Nosso Senhor, os acontecimentos que nos possibilitam, aqui e agora, encontrar nosso caminho para Deus. E assim esses eventos têm um duplo caráter. Você pode vê-los simplesmente como os resultados de outros fatos da história: os efeitos do ódio dos escribas e sacerdotes, dos medos de Pilatos; mas, por outro lado, você pode vê-los por aquilo que eles são em si mesmos e para nós: pode vê-los como a luta contra as trevas, a vitória sobre o mal, o retorno à vida. E nesse sentido eles são o cumprimento de todos os sonhos da humanidade: fazem o que o coração humano sempre desejou e sempre deve desejar fazer.

"Então Jesus chegou a um lugar chamado Getsêmani."

Começamos pela Agonia no Horto: que tem ela a nos dizer sobre nossas vidas, nossa luta pessoal, nossos sofrimentos e pecados?

A primeira coisa que nos diz é uma espécie de conforto. E Ele rezou: "Pai, se for possível, afasta de mim este cálice". Foi para isto, foi para beber este cálice, que Ele veio à terra; agora, porém, Ele reza pedindo que possa ficar sem bebê-lo. Reza para ser libertado de seu destino.

Às vezes, pensamos que os santos viveram em um mundo bem distante do nosso, como se estivessem livres de nossas lutas, tensões e medos, como se pudessem dispensar familiares e amigos, sim, e a vida também, sem uma luta, sem qualquer retração ou amargura. Como estamos enganados! "Pai, afasta de mim este cálice. ... E seu suor tornou-se semelhante a gotas de sangue. Pai, se for possível..."

Seja qual for o sentido da santidade, ela não pode significar que devamos tomar cada dor, cada sofrimento como se não fossem nenhuma dor nem sofrimento. "Minha alma está em uma tristeza mortal..."

O que mais quer dizer santidade? Continua ele: "Mas não se faça a minha, mas a tua vontade". Santidade não é uma questão de sentimento, mas é uma questão de vontade. "Faça-se a tua vontade." Dizemos isto tantas vezes; se pudéssemos dizê-lo sem reservas, de todo o coração, seríamos santos.

Um santo pode ter medo de seu destino e querer escapar dele, pode rezar para ficar livre dele; pode ficar aflito por causa dele. Mas porque ele é santo, coloca todos os seus medos, orações e sofrimentos nas mãos de Deus; "não se faça a minha vontade, mas a tua". E é fazendo isto que ele mostra quanto ele ama a Deus; é porque ele age assim que ele se torna um instrumento perfeito para os planos de Deus, torna-se cheio de força, uma força que pode ajudar a salvar e curar o mundo. Pois a única coisa que pode curar o mundo é o amor.[1]

O mal produz suas inelutáveis consequências, e o mundo está saturado de dor; mas em todo ponto e tempo e espaço onde a dor tem seu reino, há também as lágrimas de Deus, e, mais cedo ou mais tarde, por meio das lágrimas, a alma do mundo é renovada.[2]

---

[1] Gerald Vann, O.P., *The Pain of Christ and the Sorrow of God* (New York: Alba House, 1994), p. 1-3.

[2] Ibidem, p. 97.

A Pessoa que é um "Próximo"
Papa João Paulo II

A parábola do Bom Samaritano pertence ao Evangelho do sofrimento. Ela indica, de fato, qual deve ser a relação de cada um de nós para com o próximo que sofre. Não nos é permitido *passar adiante*, com indiferença; mas devemos *parar* junto dele. Bom Samaritano é todo o homem que se detém junto ao sofrimento de outro homem, seja qual for o sofrimento. Parar, neste caso, não significa curiosidade, mas disponibilidade. Esta é como que o abrir-se de uma disposição interior do coração, que também tem sua expressão emotiva. Bom Samaritano é todo o homem sensível ao sofrimento de outrem, o homem que *se comove* diante da desgraça do próximo. Se Cristo, conhecedor do íntimo do homem, põe em realce essa comoção, quer dizer que ela é importante para todo o nosso modo de comportar-nos diante do sofrimento de outrem. É necessário, portanto, cultivar em si próprio esta sensibilidade do coração, que se demonstra na compaixão por quem sofre. Por vezes, esta compaixão acaba por ser a única ou a principal expressão de nosso amor e de nossa solidariedade com o homem que sofre.

O Bom Samaritano da parábola de Cristo não se limita, todavia, à simples comoção e compaixão. Estas transformam-se, para ele, em um estímulo para as ações que tendem a prestar ajuda ao homem ferido. Bom Samaritano, portanto, é, afinal, todo aquele que presta ajuda no sofrimento, seja qual for a sua espécie; uma ajuda, quanto possível, eficaz. Nela põe todo o seu coração, sem poupar nada, nem sequer os meios materiais. Pode-se dizer mesmo que se dá a si próprio, seu próprio *eu*, ao outro. Tocamos aqui um dos pontos-chave de toda a antropologia cristã. O homem *não pode encontrar sua própria plenitude a não ser no dom sincero de si mesmo* (*Gaudium et Spes*, 24). Bom Samaritano é o homem capaz, exatamente, de um tal dom de si mesmo.

Seguindo a parábola evangélica, poder-se-ia dizer que o sofrimento, presente em nosso mundo humano sob tantas formas diversas, também aí está presente para desencadear no homem o amor, precisamente esse dom desinteressado do próprio *eu* em favor dos outros homens, dos homens que sofrem. O mundo do sofrimento humano almeja sem cessar, por assim dizer, outro mundo diverso: o mundo do amor humano; e aquele amor desinteressado que vem do coração e transparece nas ações da pessoa que sofre; amor que esta deve, aliás, em certo sentido ao sofrimento. O homem que é o *próximo* não pode passar com indiferença diante do sofrimento de outrem; e isso, por motivo da solidariedade humana fundamental e em nome do amor ao próximo. Deve *parar*, *deixar-se comover*, como fez o Samaritano da parábola evangélica. Essa parábola, em si mesma, exprime uma verdade profundamente cristã e, ao mesmo tempo, muitíssimo humana universalmente. Não é sem motivo que até na linguagem corrente se designa obra de *bom samaritano* qualquer atividade em favor dos homens que sofrem ou precisam de ajuda.[3]

O Sofrimento, mais que qualquer outra coisa, torna presente o poder da Redenção

Papa João Paulo II

A fé na participação nos sofrimentos de Cristo traz consigo a certeza interior de que o homem que sofre "completa o que falta aos sofrimentos do mesmo Cristo" (Cl 1,24) e de que, na dimensão espiritual da obra da Redenção, serve, como Cristo, para a salvação de seus irmãos e irmãs. Portanto, presta-lhes um serviço insubstituível. No Corpo de Cristo, que

---

[3] Papa João Paulo II, *Carta Apostólica Salvifici Doloris*: Sobre o Sentido Cristão do Sofrimento Humano, n. 28-29.

cresce sem cessar a partir da Cruz do Redentor, precisamente o sofrimento, impregnado do espírito de Cristo, é o mediador insubstituível e autor dos bens indispensáveis para a salvação do mundo. Mais do que qualquer outra coisa, o sofrimento é aquilo que abre caminho à graça que transforma as almas humanas. Mais do que qualquer outra coisa, é ele que torna presentes na história da humanidade as forças da Redenção. Naquela luta *cósmica* que se trava entre as forças espirituais do bem e as do mal, de que fala a Carta aos Efésios (6,12), os sofrimentos humanos, unidos ao sofrimento redentor de Cristo, constituem um apoio particular às forças do bem, abrindo caminho à vitória destas forças salvíficas.[4]

O Sofrimento transformado por dentro

Papa João Paulo II

"Cristo fez do sofrimento a base mais sólida do bem definitivo, ou seja, do bem da salvação eterna."... Cristo guia a alma humana sofredora através de seu itinerário interior, ao lado de seu próprio sofrimento redentor na cruz, mas com a consolação do Espírito Santo e na companhia da Bem-aventurada Virgem. "Toda forma de sofrimento, regenerado pela virtude desta Cruz, de fraqueza do homem, torna-se poder de Deus."

Embora cada alma sofredora lide e reaja de modo diferente com sua cruz pessoal de sofrimento, muitos perguntam o "porquê", buscando para essa pergunta uma resposta em seu plano humano.

A resposta vem lentamente, a princípio de modo imperceptível, não como uma resposta realmente, mas como um chamado, uma vocação. Por meio da própria dor humana e da angústia da alma, Cristo lhe pede sua disponibilidade para

---

[4] Ibidem, n. 27.

assumir essa cruz especial, convidando-a a participar em seu sofrimento redentor.

Esse "'sentido salvífico do sofrimento desce ao nível do homem', e torna-se, de algum modo, sua resposta pessoal. E é então que o homem encontra em seu sofrimento a paz interior e mesmo a alegria espiritual".[5]

---

[5] Ibidem, n. 26.